REIHE CANTZ

MUSEUM FRIDERICIANUM KASSEL 1992

FLATZ

BODYCHECK

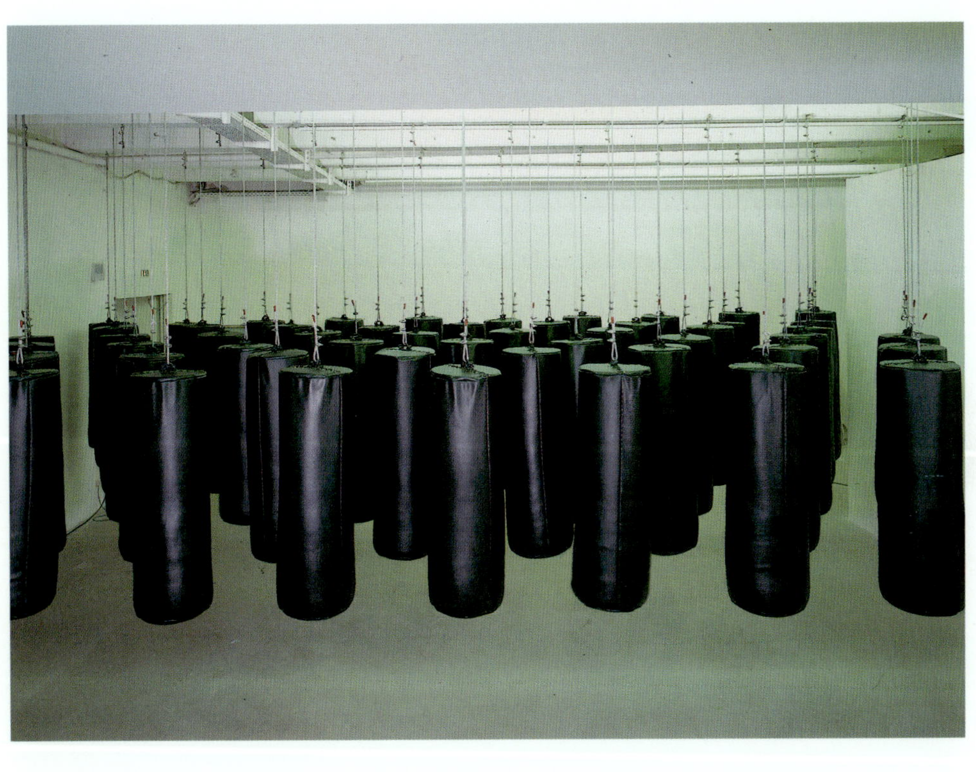

Stuart Morgan

JEDER FÜR SICH

Stuart Morgan, geboren 1948. Herausgeber von Artscribe. Zur Zeit tätig für »Frieze« (London), »Artforum« (New York) und »Beaux-Arts« (Paris). Unterrichtet an der Oxford Universität und dem Royal College of Art, London. Verschiedene Ausstellungsorganisationen (Kurator) in England, Holland und Italien. Lebt in London.

Die Besucher, die bei der DOCUMENTA IX in Kassel durch ein Obergeschoß des Fridericianums schlenderten, kamen an eine Stelle, wo sie nicht mehr weiter konnten. Um den nächsten Raum zu erreichen, mußten sie einen anderen durchqueren, der acht versetzte Reihen schwerer, schwarzer, vertikaler Körper enthielt, die von der Decke herunterhingen. Diese Formen bildeten eine Sperre, die von oben und unten Licht einließ. Sie ähnelten der Art von Säcken, wie sie in jeder Sporthalle zu finden sind. In einer Sporthalle wären sie jedoch einzeln aufgehängt und sie sähen gebraucht aus. Hier aber gab es viele, jeder unbenutzt, jeder mit einem in das schwarze Leder eingeprägten Markenamen, so daß sie wirkten, als seien sie in einem Schaufenster ausgestellt. In einem Geschäft jedoch wären solche Gegenstände geschützt. Hier aber mußten sie überwunden werden, da sie ein Hindernis darstellten, ein Dickicht, ein Gitter, den Weg versperrend. Es gab nur eine Möglichkeit: durch sie hindurch.

Leichter gesagt als getan. Die Nähe der einzelnen Objekte und die Tatsache, daß sie an Stahlseilen hingen, bedeutete, daß man das Hindernis unmöglich ohne körperliche Berührung überwinden konnte. Darüber hinaus wurde eine Berührung sofort in Bewegung umgesetzt, eine freie Bewegung, die jedes Vorwärts-

Stuart Morgan

EVERY MAN FOR HIMSELF

Stuart Morgan, born in 1948. Edited "Artscribe" and currently writes for "Frieze" (London), "Artforum" (New York) and "Beaux-Arts" (Paris). He teaches at Oxford University and the Royal College of Art, London and has curated exhibitions in Britain, Holland and Italy. Lives in London.

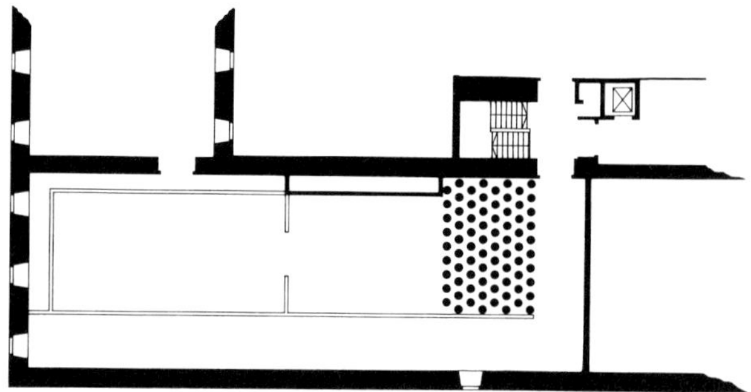

Grundriß: Struktur und Plazierung der Skulptur im Raum

Visitors, strolling through an upper floor of the Fridericianum during DOCUMENTA IX at Kassel, reached a point where their progress was impeded. In order to reach the next gallery, they had to cross a space containing eight offset rows of heavy, black, vertical forms, dangling from the ceiling, forming a barrier which admitted light from above and below. They resembled the kind of bags to be found in any gymnasium. In a gymnasium, however, these would hang singly and look used. Here, there were so many, all pristine, each with a brand-name stamped into the black leather, that the effect resembled a kind of shop-window display. In a shop, however, such expensive items would be protected from use. Here they had to be negotiated, since they presented a definite impediment, a dense thicket or screen that barred the way. There was only one possibility: to stride through them. Yet

kommen behinderte. Während viele Besucher versuchten, den direkten Weg durch diese vermeintliche Hecke aus dicken schwarzen Vertikalen zu finden, fing jede dieser Hängesäulen auf ihre Art an, wie ein Pendel zu schwingen, sobald sie in Kontakt mit dem Körper kam, wobei die Pendelbewegung erst zum Stillstand kam, sobald die aufgenommene Energie verbraucht war. Da jedermann hineingehen konnte und keiner der Säcke mit der gleichen Kraft oder aus der gleichen Richtung angestoßen wurde, konnten jederzeit einige oder sogar alle dieser Elemente in Bewegung geraten. Während der unvorbereitete Besucher versuchte, einem vor ihm hängenden Element auszuweichen, konnte er von einem anderen hinterrücks getroffen werden. Dadurch daß er die Säcke nach links und rechts wegschob, um sich einen Weg zu bahnen, schwangen sie hin und her. Bewegungsgeschwindigkeiten mußten angepaßt werden. Manchmal mußte man schnell reagieren, um nicht getroffen zu werden. Ein anderes Mal schien es vernünftiger, stehen zu bleiben, bis die Säcke rundum zum Stillstand kamen. Die Wege, die sich das Publikum durch dieses Kunstwerk bahnte, waren also unkalkulierbar. Während die Beteiligten die gesamte Skulptur in Bewegung setzten, mußten sie derartig aufpassen, daß sie sich isoliert fühlten, indem sie in einer Situation voller potentieller Gefahren nur für sich selbst reagieren konnten. Paradoxerweise wurden sie zu allen anderen Personen im Raum in Beziehung gesetzt, egal, ob diese sich entschlossen hatten, das Kraftfeld zu betreten oder nicht. Wie Kinder beim Spielen warteten manche, bis sie an der Reihe waren, während andere etwas riskierten. Das Risiko sollte nicht unterschätzt

Zylindrisches Element:
Durchmesser: 40 cm
Höhe: 120 cm
Gewicht: 60 kg (Gewicht des
Künstlers); gefüllt mit
getrockneten Maiskörnern

this was easier said than done. The proximity of the separate elements and the fact that they were suspended on chains meant that no negotiation was possible without physical contact. Moreover, touch was immediately translated into activity, movement so free that it became an impediment to forward motion. For while viewers tried to take a direct path through what may have seemed no more than a hedge of thick black verticals, as soon as each of these hanging pillars came in contact with the body, it began to swing like a pendulum in a course of its own that would stop only when the energy received had been expended. And since there was no limit to the number of spectators and none of the bags had been touched with the same force or from the same direction, at any time, any or all of the elements could be mobilised. Avoiding one in front, the unwary visitor might be struck by another from behind. Pushing left and right to make a path caused the bags to swing from side to side. Rates of motion had to be adjusted, for sometimes a burst of speed was needed to avoid being struck, while at other times it seemed more prudent to remain rooted to the spot until the surrounding bags came to a standstill. So the paths taken by the public through the artwork proved unpredictable. And as participants activated the entire sculpture, they became so alerted to each other that they felt isolated, capable of taking responsibility only for themselves in a situation of potential danger. Yet paradoxically, they were also brought into a relationship with everyone else in the room, whether those people had chosen to enter the force-field or not. Like children playing games, some waited for their turn while others took risks. And that element of risk should not be underestimated. After all, each of the bags weighed as

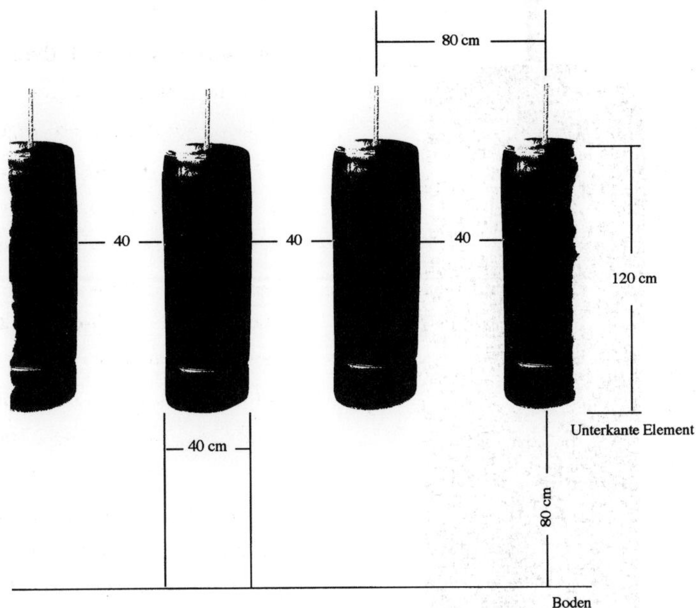

werden. Immerhin wog jeder Sack soviel wie ein ausgewachsener Mann, genausoviel wie ihr Schöpfer FLATZ.

Daß man den Künstler auch in dieser Arbeit spüren würde, überraschte nicht. In vielen seiner früheren Arbeiten verwendete FLATZ bereits seinen eigenen Körper. Von Performance zu Performance, in denen er seinen eigenen nackten Körper als elementaren, unteilbaren Konter verwendete, ließ sich ein zugrundeliegendes Muster erkennen. Denn während er aus verschiedenen Gründen Ansätze anderer Künstler wiederholte, wurde sein eigenes Ziel deutlich. Indem er auf die Ästhetisierung des Wiener Aktionismus und dessen Beschäftigung mit Religion, Sexualität und Ausdruck der eigenen Malerpersönlichkeit verzichtete, ließ der Künstler in seinen jüngeren Jahren zum Vorschein kommen, was ihn selbst beschäftigte – das Wechselspiel

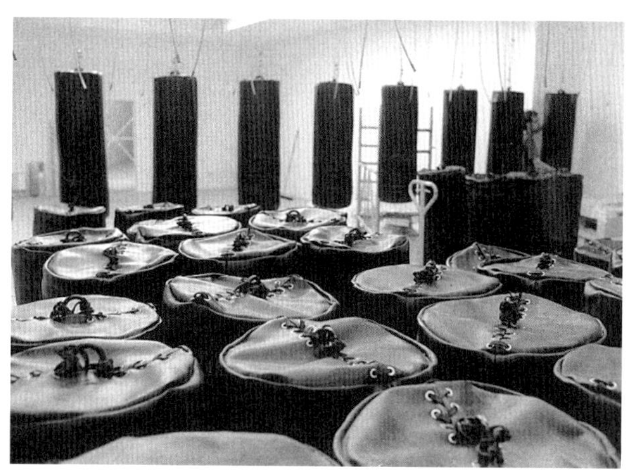

much as a fully grown man, for their weight was exactly that
of their maker, FLATZ.

That the artist should somehow be present in his art
came as no surprise. FLATZ used his own body in much of
his early work. Yet, as he made more and more performances, many featuring his own naked physique as an elemen-
tary, indivisible counter, an underlying pattern became
perceptible, for while, inevitably, he repeated moves made
by other artists for different reasons, his own purpose
became clear. Abandoning the aestheticisation of Vie-
nnese Actionism, its preoccupation with religion, sexuality
and painterly self-expression, the younger artist allowed
his own preoccupations to emerge, chief among them the
interplay of power and identity. One pattern, in particular,
was repeated. In 1987, in a pitched battle between two
cultures, a scene of wanton destruction took place.
"Demontage V" featured an opera singer, Ina Brox, who
performed next to a large mirror, placed centrestage,
facing the audience. At a predetermined point, her aria was
interrupted by FLATZ, who had had himself tied to a chair

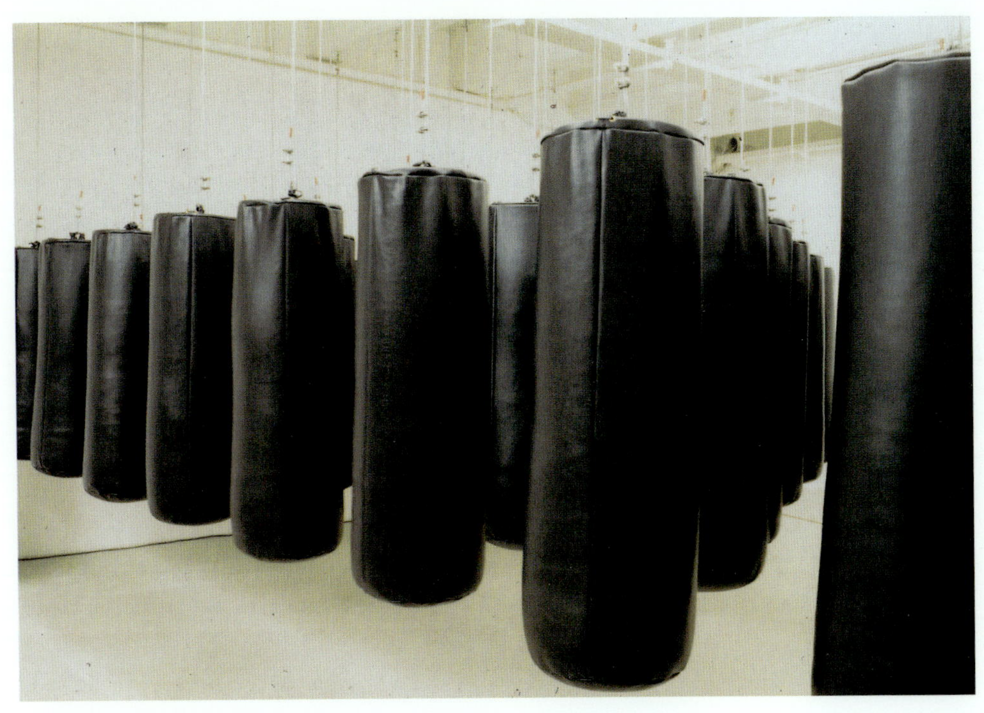

suspended on a rope at the ceiling. When the time was right, he swung forward and through the mirror, shattering it to pieces. The genre, FLATZ decided, was not *montage* but *demontage* (his own coinage), neither superimposition nor the construction of imitated reality, but a frame placed around the sheer experience of being there. So a *demontage* could be described as an event constructed in order to generate a unique moment, to provide apparatus to analyse other kinds of event. There are precedents for this, precedents as risky as FLATZ's. For his progenitors were not artists at all, but those reckless *parvenus* who staged cultural interventions from the era of Berlin Dada through *Lettrisme* and the Situationist International to punk, all of them deliberate correctives, aimed to dismantle that cultural apparatus which had transformed art into a capitalist toy, part of a system which threatened the liberty, individuality and moral integrity of the individual. For these *provocateurs*, the product mattered less than the event; one second of uncertainty was worth a thousand Mona Lisas. Theirs was the most perilous artistic stance of all. When a hoarse, bleeding, exhausted Johnny Rotten confronted his audience or Andy Warhol, the most politically ambivalent of all twentieth-century heroes, put himself on show behind glass at a New York nightclub, both men were turning the apparatus of capitalism against itself. Similarly, in Bern in 1980, Flatz sat on a stage with a television monitor, a video camera directed at the audience and a 10,000 watt spotlight which he pointed into a concave mirror from time to time, so that it dazzled the camera and finally damaged it, producing a blackout on the monitor, a conclusion which made an already hostile audience more hostile than ever, as its communal narcissism was exposed.

zwischen Macht und Identität. Besonders ein Muster wiederholte sich. Im Jahre 1987 fand in einem offenen Kampf zwischen zwei kulturellen Ausdrucksformen eine Szene mutwilliger Zerstörung statt. In »Demontage X« sang die Opersängerin Ina Brox neben einem riesigen Spiegel, der mitten auf der Bühne in Richtung Zuschauerraum aufgestellt war. Zu einem vorbestimmten Zeitpunkt wurde ihre Arie durch FLATZ unterbrochen, der sich an einen Sessel hatte binden lassen, welcher mit einem Seil an der Decke befestigt war. Zum richtigen Zeitpunkt kappte er das Seil und schwang durch den Spiegel, wodurch dieser zerschmettert wurde. Das Genre, hatte FLATZ beschlossen, sollte nicht *Montage,* sondern *Demontage* (sein eigener Ausdruck) sein: weder Überlagerung noch die Konstruktion einer imitierten Realität, sondern ein Rahmen um das bloße Erlebnis des Da-Seins. Eine *Demontage* könnte man als Ereignis beschreiben, das ausgedacht wurde, um einen einzigartigen Augenblick hervorzubringen, um Mittel zur Analyse anderer Arten von Ereignissen zu liefern. Es gibt Präzedenzfälle, die genauso gefährlich waren wie FLATZ' Darbietung. Aber seine Vorläufer waren keine Künstler, sondern jene leichtsinnigen *Parvenüs,* die kulturelle Interventionen von der Ära des Berliner Dada über *Lettrisma* und »Situationist International« bis zum Punk inszenierten, die alle bewußte Korrektive waren, mit dem Ziel, jene kulturelle Maschinerie zu demontieren, die die Kunst in ein kapitalistisches Spielzeug verwandelt hatte, Teil eines Systems, das die Freiheit, Individualität und moralische Integrität des einzelnen bedrohte. Für diese *Provokateure* war das Produkt nicht so wichtig wie das

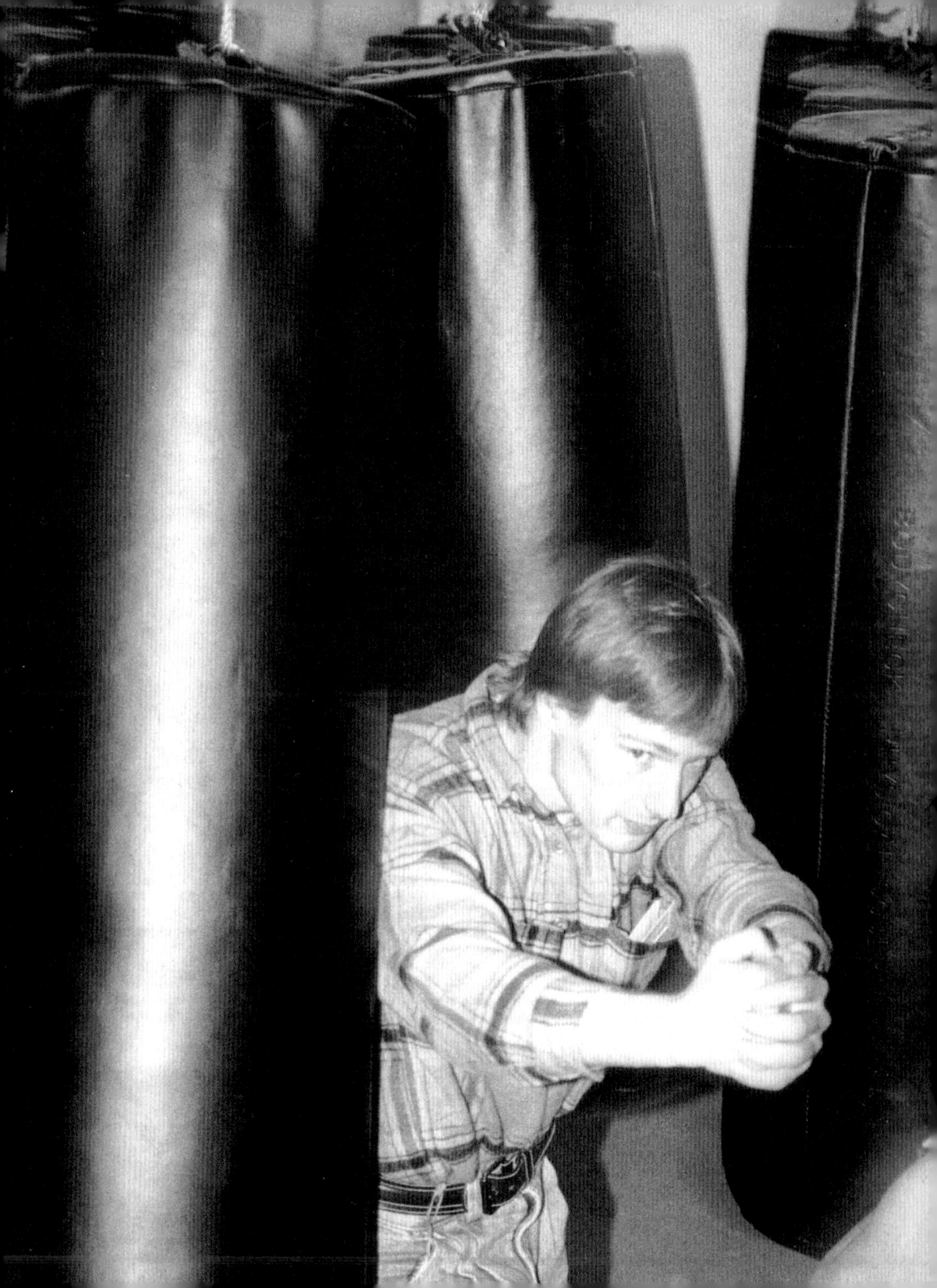

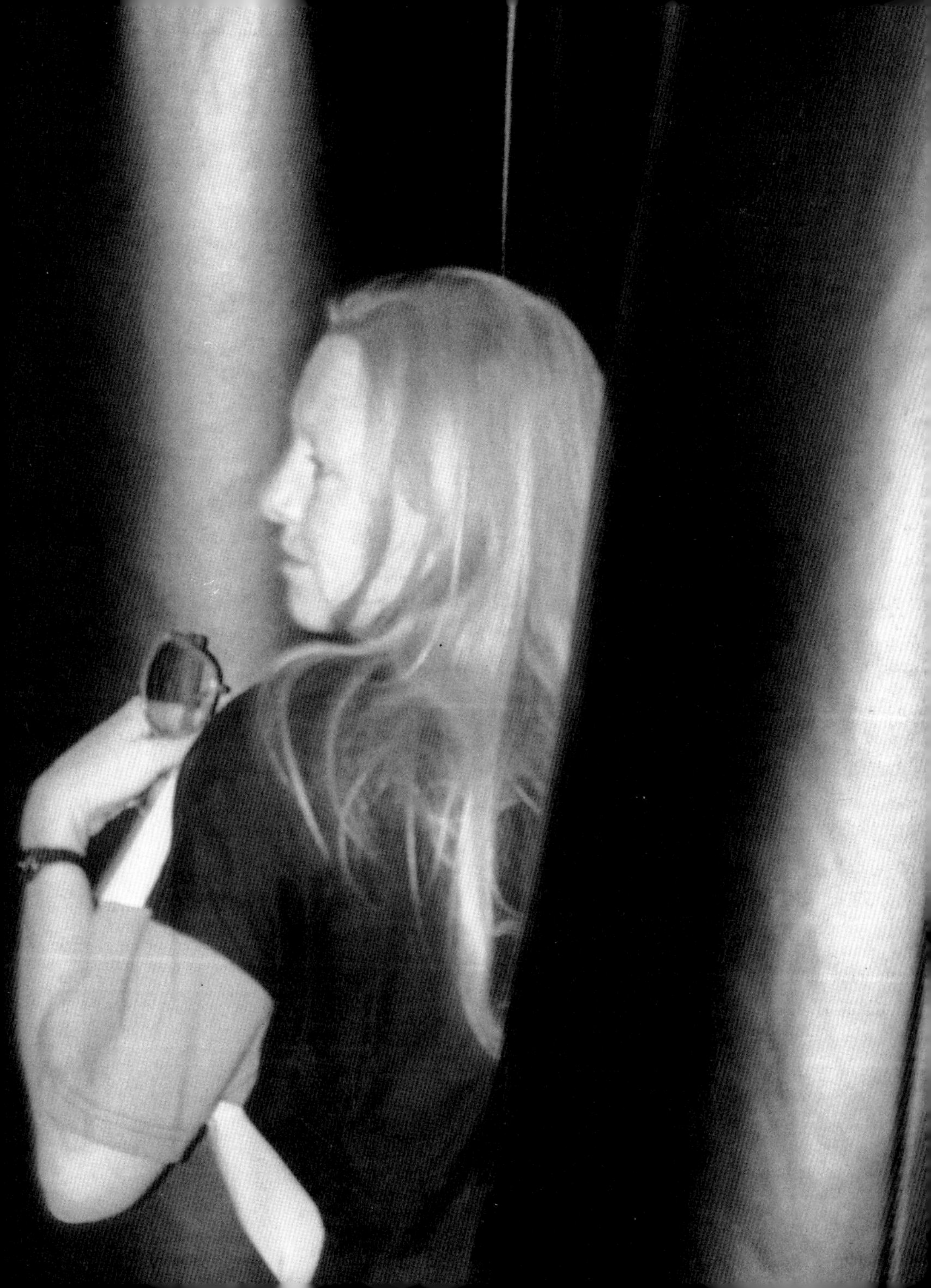

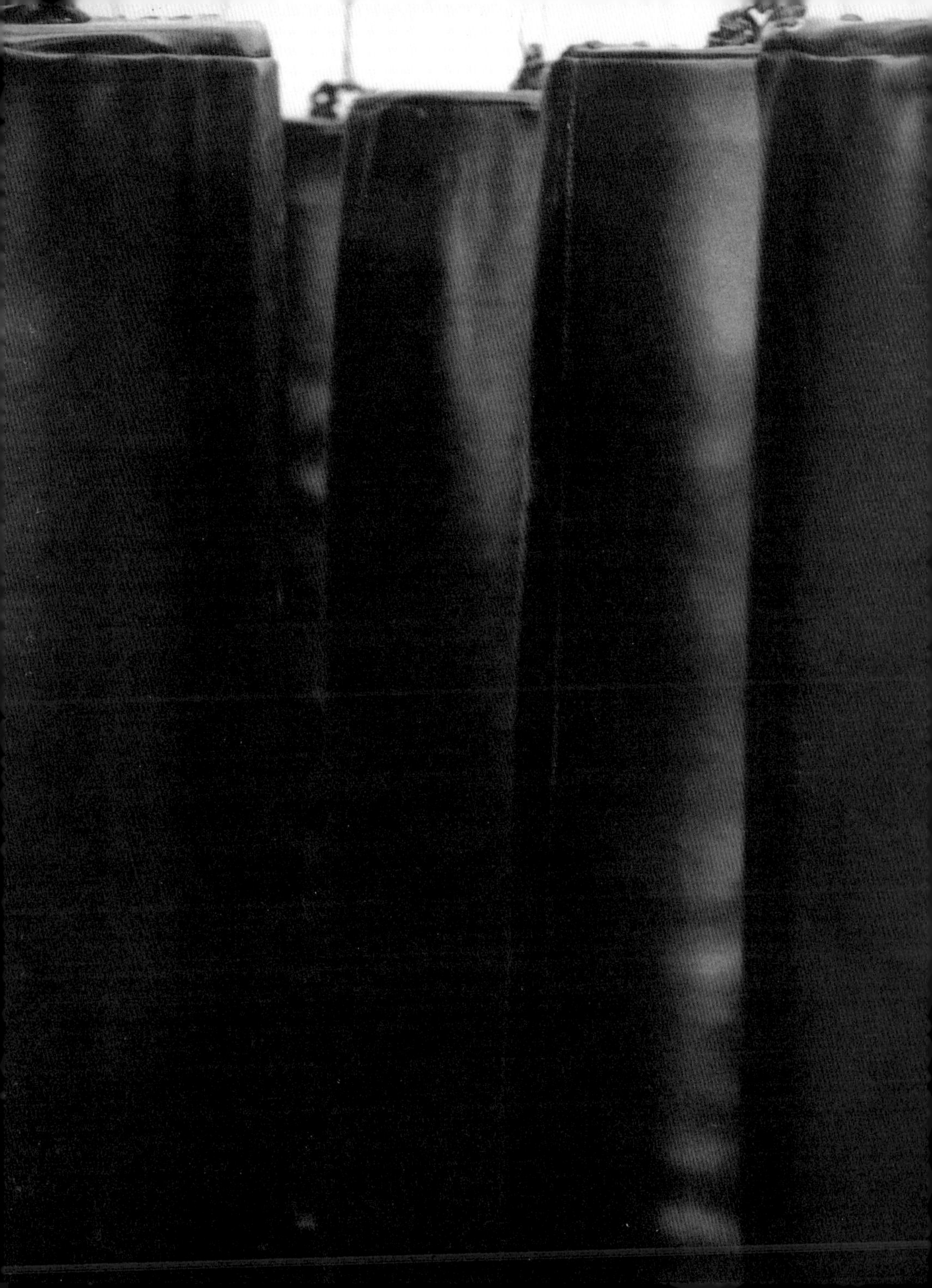

Ereignis; ein Augenblick der Unsicherheit war tausend Mona Lisas wert. Sie vertraten den gefährlichsten künstlerischen Standpunkt von allen. Wenn ein heiserer, blutender, erschöpfter Johnny Rotten seinem Publikum gegenüberstand oder Andy Warhol (einer der politisch höchst zwiespältigen Helden des 20. Jahrhunderts) sich hinter Glas in einem New Yorker Nachtklub ausstellte, brachten beide das kapitalistische System gegen sich auf. In ähnlicher Weise saß FLATZ 1980 in Bern auf einer Bühne mit einem Fernsehmonitor, einer auf das Publikum gerichteten Videokamera und einem 10000 Watt starken Scheinwerfer, mit dem er zeitweise in einen Hohlspiegel hineinleuchtete, so daß die Kamera geblendet und schließlich runiert war und das Bild auf dem Monitor verschwand. Ein Schlußakkord, der ein bereits feindlich gesinntes Publikum feindlicher denn je stimmte, indem er den Narzißmus aller entblößte.

Innerhalb weniger Sekunden kann sich ein lammfrommes Publikum in einen Mob verwandeln. Rotten konnte nicht singen, Warhol stand einfach herum. FLATZ machte seine Zuschauer zu Stars und fing dann an, ihren glorreichen Augenblick zu sabotieren. Trotz dieses Vorgehens, das manche Beobachter für hoffnungslos egozentrisch hielten, blieb sein Auftauchen in seinen Arbeiten immer schattenhaft unwirklich. Mit der Zeit wurde es sogar noch mysteriöser.

Von Anfang an kritisierte er in seinem Werk Machtstrukturen. »Sandsack«, aufgeführt 1979 in Stuttgart, dauerte nicht länger als eine Minute. Während er nackt vor einer kleinen Gruppe von Zuschauern in einem kleinen Raum stand, wurde der Künstler plötzlich

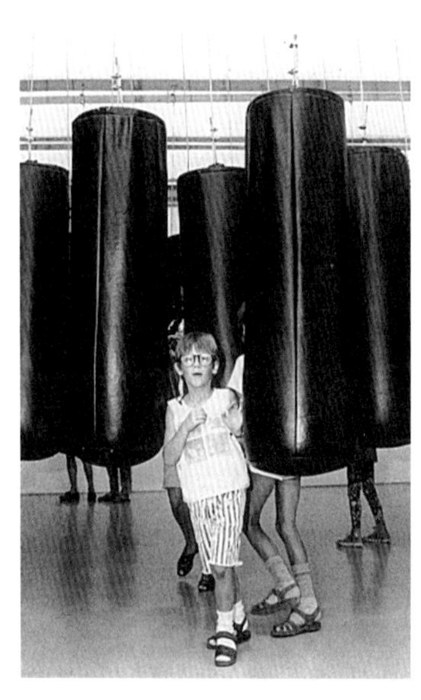

For, in seconds, a docile audience can turn into a mob. Rotten could not sing, Warhol simply stood there, Flatz turned his viewers into stars, then proceeded to sabotage their moment of glory. Despite an approach which some oibservers have regarded as irredeemably self-centred, his own presence in his work was always shadowy. In time, it became even more numinous.

From the start, his work had involved a critique of power structures. Peformed in 1979 in Stuttgart, "Sand-sack" lasted not much longer than a minute. Standing naked in front of a small group of observers in a small room, the artist was suddenly knocked to the ground by a sandbag which swung from behind him. The event was a festival called *Europa '79* and the tiny audience consisted simply of the jury before whose feet he, as competitor, prostrated himself, an act of homage forced on him, it could be argued, in exactly the way a jury was forced on the participating artists. That FLATZ's irony reached the level of sheer sarcasm went unnoticed by the jury, intent on interpreting the entire episode as abstract bodywork. It is the simplest gesture of all: a figure prostrates himself all at once and at the same time is beaten. An audience watches him being beaten, as an artwork, as Romans watched slaves being devoured by wild animals. Yet somehow the identity of the man is secondary. And since there is something ludicrous about a prize awarded to a person simply for being slapped, the jury's criteria are called into question. FLATZ'S approach smacked of perversity, no doubt. (Think of Groucho Marx's declaration that he would never join a club which had him as a member.) Yet this early example of paradoxicality foreshadows the artist's increasingly elaborate exercises in reversal of

von hinten durch einen Sandsack zu Boden gerissen. Dies fand auf einem Festival, *Europa '79* statt, das winzige Publikum bestand nur aus der Jury, der er sich – als Wettbewerbsteilnehmer – zu Füßen warf. Man könnte das als einen aufgezwungenen Akt der Reverenz bezeichnen, aufgezwungen in genau der gleichen Art und Weise, in der eine Jury den teilnehmenden Künstlern aufgezwungen wurde. Die Tatsache, daß FLATZ' Ironie eine Ebene von reinstem Sarkasmus erreichte, entging der Jury, die die ganze Episode unbedingt als abstrakte Körperarbeit interpretieren wollte. Es ist die allereinfachste Geste: eine Gestalt wirft sich plötzlich zu Boden und wird gleichzeitig geschlagen. Ein Publikum schaut zu, wie er – als Kunstwerk – geschlagen wird, so, wie die Römer zusahen, wie Sklaven von wilden Tieren gefressen wurden. Dennoch ist die Identität des Mannes in gewisser Weise nebensächlich. Und da es eigentlich lächerlich ist, daß jemand einfach dafür ein Preis verliehen werden soll, weil er geschlagen wird, sind die Kriterien der Jury in Frage gestellt. FLATZ' Methode schmeckte freilich etwas pervers. (Denken Sie an die Aussage von Groucho Marx, er würde niemals einem Verein beitreten, bei dem er als Mitglied zugelassen sei). Doch dieses frühe Beispiel von Paradoxie kündigt an, wie sich der Künstler immer ausführlicher in Machtumkehr, sogar offensichtlicher Mittäterschaft, übt. Denn der nächste Schritt bestand darin, Wolfgang Flatz, den Künstler, in FLATZ zu verwandeln, einen wandelnden Markennamen, einen Mann mit einer Strichcode-Tätowierung auf seinem linken Arm. Vielleicht begann es mit einer Ausstellung von Logobildern bei einer Kunstmesse in Ham-

power, even apparent complicity. For the next step was to transform Wolfgang Flatz the artist into FLATZ, a walking brand-name, a man with a barcode tattooed on his left arm. Perhaps it began with an exhibition of logo paintings at an art fair in Hamburg. It ended with FLATZ's abandonment of the position of artist as an outsider – the Modernist avant-garde approach which underlay Situationism – in favour of a position of power or, at least, assumed power. Yet the political ramifications remain the same. FLATZ's subsequent "The Golden Mastercard", a simultaneous non-exhibition in five galleries at the same time, consisting solely of the same advertisement in five major international art magazines in the same month implies collaboration with the very power structures that "Sandsack" had been trying to undermine. The image of success rising like the sun, in the shape of a credit card (an excuse to spend money which is not your own on promoting an exhibition which does not exist and for which an advertisement is the only artwork the artist has bothered to produce) seems to smack of complicity. Yet the truth is that the switch form Flatz to FLATZ, a pseudo-corporation, only indicated the onset of another phase in a body of work which had not altered its programme. Only the parameters had changed.

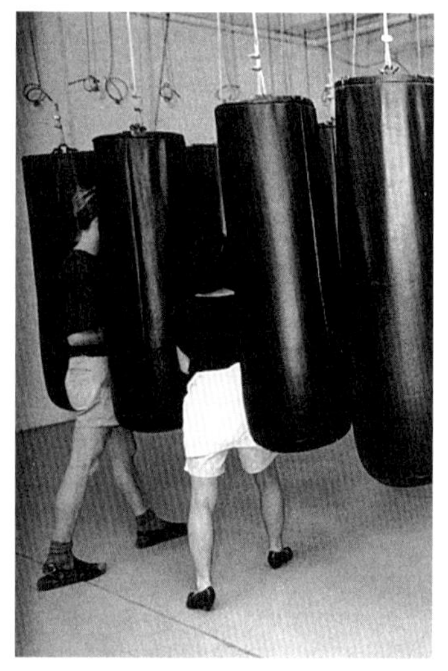

The idea of an anonymous or group creator could hardly be more suitable for "Bodycheck". Subtitled "Physical Sculpture no. 5", it can be regarded as a manifesto, weaving together strands of FLATZ: Thinking from the last twenty years and, characteristically, leaving them inconclusive. In retrospect, the dangling bags are reminders of points in the artist's career. Hung upside-down from a rope in a freezing synagogue in Tiflis, Georgia on New Year's Eve 1991 and used as the clapper of a bell for five minutes as an assistant

burg. Es endete damit, daß FLATZ die Position des Künstlers als Außenseiter — den modernistischen, avantgardistischen Ansatz, der dem Situationismus unterlegt ist — zugunsten einer Machtposition oder zumindest einer Position von Scheinmacht aufgab. Immerhin bleiben die politischen Verzweigungen gleich. FLATZ' darauffolgendes Werk »The Golden Mastercard«, eine gleichzeitige Nicht-Ausstellung in fünf Galerien, die lediglich aus dem gleichen Inserat in fünf führenden internationalen Kunstmagazinen im selben Monat bestand, deutet auf eine Zusammenarbeit mit gerade jenen Machtstrukturen, die »Sandsack« zu unterminieren versuchte. Das Bild des Erfolgs, der wie die Sonne aufgeht, in Form einer Kreditkarte (eine Ausrede, Geld, das einem nicht gehört, dafür auszugeben, eine Ausstellung anzukündigen, die es gar nicht gibt und bei der das Inserat das einzige Kunstwerk ist, zu dessen Herstellung der Künstler etwas beigesteuert hatte), scheint nach Komplizenschaft zu riechen. In Wahrheit kündigte jedoch diese Verwandlung von Flatz in FLATZ, einen Pseudokonzern, bloß den Beginn einer weiteren Phase in einem Werk an, das sein Programm gar nicht geändert hatte. Nur die Parameter waren andere.

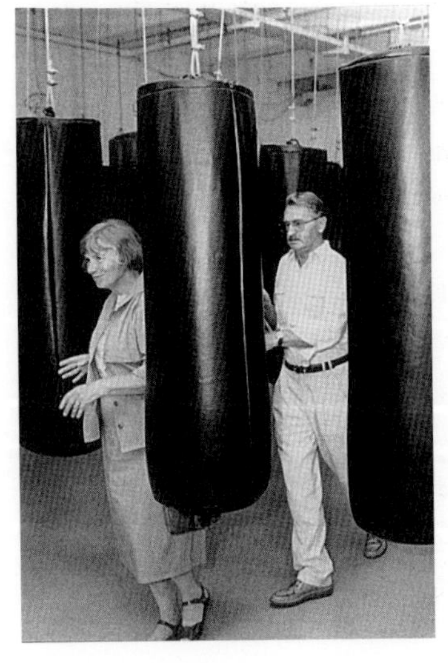

Die Vorstellung eines anonymen Schöpfers, beziehungsweise Schöpfers einer Gruppe könnte für »Bodycheck« kaum zutreffender sein. Mit dem Untertitel »Physical Sculpture No. 5« kann es als Grundsatzerklärung betrachtet werden, indem es Stränge aus FLATZ' Vorstellungswelt der letzten zwanzig Jahre zusammenbindet und sie charakteristischerweise ohne Ergebnis läßt. Rückblickend sind diese baumelnden

swung the rope between two sheets of metal. And there was the swinging bag in "Sandsack" which served to floor him with a single blow. Instead of regarding the bag as no more than a surrogate for the artist, its broader poetic potential should be acknowledged. It is as a slaughtered animal, hung like a dead weight of flesh, waiting to be devoured; a surrogate opponent who acts as an obstacle, there only to be hit, never to punch back; a stand-in for a person, without volition; a product, named and counted, identical to many others... As the list proceeds, a pattern emerges. The bag is a means of registering or expressing power, and because it can give or receive blows, any interpretation must take a dialectical slant. Density, uniformity, height and arrangement all suggest trees or uniformed men. (In his *Crowds and Power* Elias Canetti suggested that in German history, the army had always been imaged as a "marching forest".) The bags are associated with carcases and hanged men, defeat, helplessness and consumption, but also with security, triumph, evenness and regularity. They suggest a frontier, while reminding us that such a frontier is no-man's land, the fullsize translation of a line drawn on a map. While a proper frontier says stop, however, this one admits visitors at their own risk. Within this space, no protection can be guaranteed, for this is a zone where laws are null and void and anything can happen. Here, no-one is safe, yet no protection is offered. The motto is "Every man for himself". Inside, the feeling should be sociable. Yet there is no time to consider such things; people are together, admittedly, but together in a state of emergency. Indeed, the gesture they repeat is that of a tow-handed touch or grip or brief embrace of the hanging obstacles in order to reject and

Säcke Erinnerungen an Stationen in der Laufbahn des Künstlers: wie er am Neujahrsabend 1991 in einer eiskalten Synagoge in Tiflis, Georgien, mit dem Kopf nach unten an einem Seil hing und fünf Minuten lang als Glockenklöppel verwendet wurde, während ein Assistent das Seil zwischen zwei Metallblechen hin und her schwenkte. Dann gab es den schwingenden Sack in »Sandsack«, der dazu diente, ihn mit einem einzigen Schlag flachzulegen. Anstatt den Sack lediglich als Ersatz für den Künsler zu betrachten, sollte darin das poetische Potential gesehen werden: ein geschlachtetes Tier, aufgehängt wie eine tote Masse Fleisch, in der Erwartung gefressen zu werden; ein Ersatzgegner, der als sportliches Hindernis dient, der nur da ist, um geschlagen zu werden, niemals um zurückzuschlagen; ein Ersatz für eine Person, ohne Willenskraft; ein Produkt, benannt und gezählt, identisch mit so vielen anderen… Mit der Fortsetzung der Liste tritt ein Muster hervor. Der Sack ist ein Mittel, um Macht zu registrieren oder auszudrücken; und weil er Schläge austeilen beziehungsweise einstecken kann, muß jegliche Interpretation eine dialektische Richtung nehmen. Dichte, Gleichheit, Höhe und Anordnung lassen an Bäume oder uniformierte Männer denken. (In seinem Werk *Masse und Macht* sagt Elias Canetti, daß die Armee in der deutschen Geschichte immer wie ein »marschierender Forst« gesehen wurde). Die Säcke werden mit Schlachtviehhälften und Gehängten, mit Niederlage, Hilflosigkeit und Konsum, aber auch mit Sicherheit, Triumph, Gleichheit und Regelmäßigkeit assoziiert. Sie deuten einen Grenzbereich an und erinnern uns gleichzeitig daran, daß ein solcher Grenzbereich ein

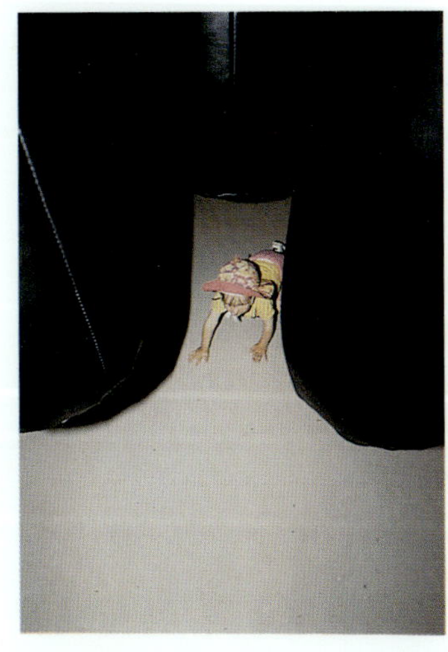

avoid them, a stylised version of the type of blow employed in American football or Welsh rugby when a player in possession of the ball breaks free of the scrum in order to run with it. And the mood that prevails at this point can be described as single-minded, concentration on the wish to break free. As in team games, the presence of the pack can be reassuring: the hard bodies are there to be manhandled, not fought. Yet in struggling to be rid of them, overtones of hunting prevail once more, for those hanging verticals also resemble a mouth of teeth. And aren't the touching, handling, gripping gestures with which we treat them simply what is done with food before eating?

Yet the elasticity of the visual concept is such that it doubles back on itself at once, for in this position participants feel that *they* are at risk, revelling in the sense of sudden peril.

A space has been altered in order to bring about certain emotional associations, associations to do with contemporary life – for aren't the bags commodities, after all? And despite hints of danger, fear that the consumer might in turn be consumed at this moment (for, in due course, we are all consumed), the structure for this remains playful. The political ramifications are clear. In his essay, *Towards a Situationist International,* published in 1957, Guy Debord described "the construction of situations, that is to say, the concrete construction of momentary ambiances of life and their transformation into a superior passional quality". And, he continued, "We must develop a methodical intervention based on the complex factors of two components in perpetual interaction: the material environment of life and the comportments which it gives rise to and which radically transform it." Early in the history of

Niemandsland ist, die lebensgroße Umsetzung einer auf einer Landkarte eingetragenen Linie. Während eine echte Grenze jedoch »Halt« sagt, gewährt diese den Besuchern Zugang auf eigene Gefahr. Innerhalb dieses Raums kann kein Schutz gewährleistet werden, denn in dieser Zone sind die Gesetze null und nichtig, und alles kann passieren. Niemand ist hier sicher, es wird kein Schutz geboten. Das Motto lautet »Jeder für sich«. Drinnen ist man zwar zusammen, aber man hat keine Zeit, groß darüber nachzudenken; Leute sind zusammen, zugegeben, aber in einem Notzustand. Die immer wiederholte Geste ist die der beidhändigen Berührung, ein Packen oder eine kurze Umarmung der baumelnden Hindernisse, um sie zurückzustoßen oder ihnen auszuweichen, eine stilisierte Version der beim American Football oder beim walisischen Rugby verwendeten Schlagart, wenn ein Spieler, der den Ball hat, sich vom Scrum losreißt, um mit ihm davonzurennen. Man fühlt sich jetzt als Einzelkämpfer, konzentriert auf den Wunsch, sich loszureißen. Wie in Mannschaftsspielen kann das Zusammensein mit der »Meute« beruhigend wirken: die festen Körper sind da, um bewegt zu werden, aber nicht, um damit zu kämpfen. Doch das Bemühen, sie zu beseitigen, hat den Beigeschmack der Jagd, weil diese hängenden Vertikalen auch einem Maul voller Zähne ähneln. Sind nicht die Gesten der Berührung, das Anfassen, Zupacken einfach das, was man mit Lebensmitteln vor dem Essen macht?

Und doch ist das visuelle Konzept so elastisch, daß es sofort auf sich selbst zurückschlägt, weil in dieser Lage die Beteiligten das Gefühl haben, einem Risiko ausgesetzt zu sein, und in vollen Zügen die

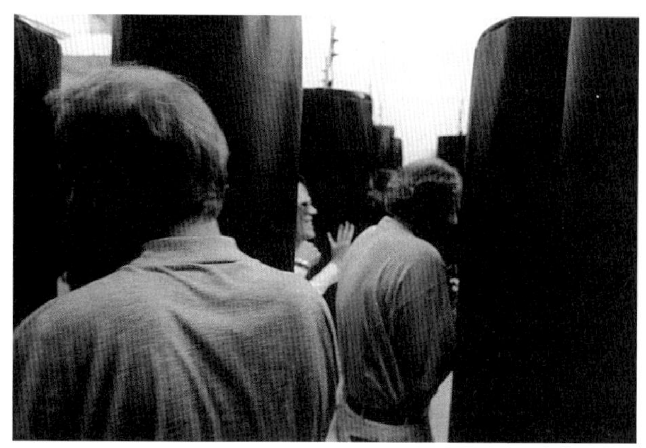

Situationist theory, heavy emphasis was placed on architecture and play ("the invention of games of an essentially new type"). Yet for Debord, a game was part and parcel of a moral decision to devote oneself to that play which future societies would find so much time to pursue. And that very decision meant dedicating oneself to the cause of the Situationist International. A recent stage of FLATZ's work, notably his exhibition at the Palace of Youth in Leningrad in 1990, has echoed these sentiments, setting up a counterpoint between Eastern and Western imagery, values and history, occupying a middle ground between metaphorical and literal use of materials, constantly varying its tactics between contrast and similitude, and attempting to update Duchamp's idea of the readymade. From first to last, it could be argued, his aim has been the transformation of the everyday. (Wasn't his first installation made in a hairdresser's salon?) Moving though "Bodycheck" has one important parallel: the walker's movement through a big city, with all the anonymity that that implies. Below the threshold of visibility, the crowds who swarm into a Manhattan skyscraper have no time for spatial experiment

Ahnung einer plötzlichen Gefahr genießen. Ein Raum wurde verändert, um gewisse emotionale Assoziationen hervorzurufen, Assoziationen, die mit dem Leben heute zu tun haben – denn sind nicht die Säcke eigentlich nur Waren? Und trotz der Andeutung von Gefahr, der Angst, daß der Konsument in diesem Augenblick auch konsumiert werden könnte (denn zur gegebenen Zeit werden wir alle konsumiert), bleibt die Struktur der Sache spielerisch. Die politischen Verzweigungen sind deutlich. In seinem Aufsatz *Towards a Situationist International*, herausgegeben 1957, beschreibt Guy Debord »die Konstruktion der Situation, d.h. die konkrete Konstruktion von momentanen Lebensumgebungen und ihre Verwandlung in eine höhere passionale Qualität«. Und, so schreibt er weiter, »wir müssen eine methodische Intervention entwickeln, die auf den komplexen Faktoren von zwei ständig interagierenden Komponenten beruht: der materiellen Lebensumgebung und den Verhaltensweisen, die daraus entstehen und die sie radikal verändern«. In den Anfängen der situationistischen Theorie wurde eine starke Betonung auf Architektur und Spiel gelegt (»die Erfindung von Spielen einer grundsätzlich neuen Art«). Für Debord jedoch stellte ein Spiel einen wesentlichen Bestandteil einer moralischen Entscheidung darüber dar, sich jenem Spiel zu verschreiben, für das zukünftige Gesellschaften so viel Zeit finden würden. Und gerade diese Entscheidung bedeutete, sich der Sache der Situationist International zu widmen. Ein Schauplatz von FLATZ' Arbeit, bemerkenswerterweise seine Ausstellung im Palast der Jugend in Leningrad im Jahre 1990, spiegelte dies wider, indem ein Kontrapunkt zwischen öst-

or mental play of any kind. "It is as though the practices organising a bustling city were characterised by their blindness", wrote Michel de Certeau. Yet for him the other extreme seemed just as unsatisfactory: the rooftop panorama not of a city but of a simulacrum or picture of a city, built by a cartographer, not an architect. "The voyeur-god created by this fiction, who, like Schreber's God, knows only cadavers, must disentangle himself from the murky intertwining daily behaviours and make himself alien to them", he commented. In the centre of FLATZ's installation, that is how it seems. Even the prospect of forward movement is possible only if shapes like slaughtered guts are manhandled, shapes laid out in a diagonal grid like a battle-formation. That they, like city-dwellers themselves, pose as new commodities, comes as no surprise. It is a pleasure to hug these surrogate people, if only for a moment, for touch is at a premium in contemporary urban life. Here, because the bags are made of skin, the touching is mutual; they warm as they meet the hand. And as they continue to hinder our forward movement – in English, they "check" it – they ratify our existence, an activity also signified by the word "check". The subtle interplay of leather on skin, the momentary hug of a nearby body, the tempation to lose oneself in the centre of a crowd forever like Poe's anonymous anti-hero, the alternate terror and thrill of anonymity in a crowd and the unfair struggle of the ratrace, which treats people as if they were goods to be bought and sold… These and other potential meanings are subsumed in FLATZ's "physical sculpture", a sculpture that is not complete until the spectator enters it, an elaborate Situationist tactic that isolates the moment of detachment that Brecht called *Verfremdung* and FLATZ

lichen und westlichen Vorstellungen, Werten und Geschichte etabliert, eine Mittelposition zwischen der metaphorischen und wörtlichen Verwendung von Materialien eingenommen, ständig die Taktik zwischen Kontrast und Ähnlichkeit geändert und der Versuch gemacht wurde, Duchamps Vorstellung des ready-made zu aktualisieren. Von A bis Z – könnte man argumentieren – war sein Ziel die Verwandlung des Alltäglichen. (Fand nicht seine erste Installation in einem Friseursalon statt?) Wenn man sich durch »Body-check« bewegt, entdeckt man eine wichtige Parallele: die Bewegungen eines Spaziergängers durch eine große Stadt, mit all der damit verbundenen Anonymität. Unterhalb der Schwelle des Sichtbaren haben die Massen, die in einen Wolkenkratzer in Manhattan strömen, keine Zeit für räumliche Experimente oder geistige Spielereien jeder Art. »Es ist, als ob die Gewohnheiten, die in einer geschäftigen Stadt herrschen, durch ihre eigene Blindheit charakterisiert würden« schrieb Michel de Certeau. Dennoch erschien ihm das andere Extrem ebenso unbefriedigend: nicht das Panorama einer Stadt von oben gesehen, sondern das eines Abklatschs bzw. Bildes einer Stadt, die von einem Kartographen und nicht von einem Architekten gebaut wurde. »Der durch diese Fiktion geschaffene Voyeur als Gott, der wie Schreber's Gott nur Leichen kennt, muß sich aus den dunklen Verflechtungen des täglichen Verhaltens befreien und sich selbst ihnen fremd machen«, sagte er. Im Zentrum von FLATZ' Installation scheint es so zu sein. Sogar die Aussicht auf eine Vorwärtsbewegung ist nur möglich, wenn Formen wie geschlachtete Innereien mit den Händen bewegt wer-

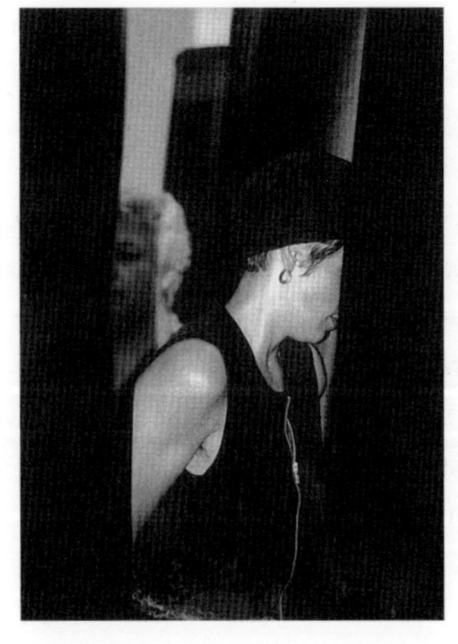

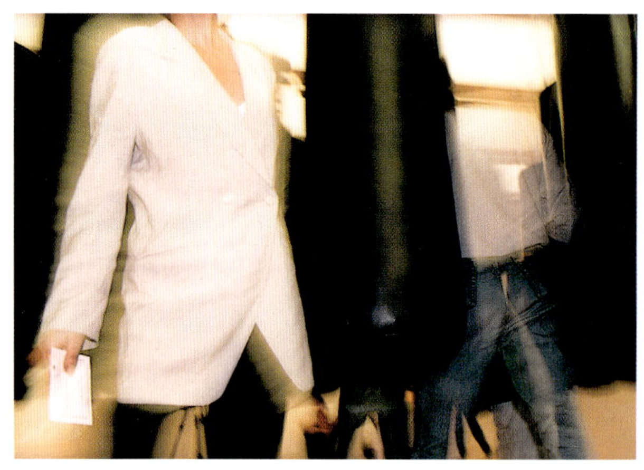

calls *demontage* and allows viewers to relive that moment in the form of a game.

"marching forest" / Elias Canetti, *Crowds and Power,* tr. C. Stewart, Harmondsworth 1981, 202

"the construction of situations" / Guy Debord "Towards a Situationist International" in I. Blazwick ed. *An endless passion... an endless banquet,* London 1989, 26
"the invention of games" / ibid. 27

"It is as though..." / Michel de Certeau *The Practice of Everyday Life* tr. S. F. Rendall, Berkeley 1984, 93

den, Formen, die in einem diagonalen Gitter wie eine Kampfformation ausgelegt sind. Daß sie, wie die Stadtbewohner selbst, als neue Waren auftreten, ist nicht überraschend. Es macht Spaß, diese Ersatzpersonen – wenn auch nur für Augenblicke – zu umarmen, denn Berührung ist im gegenwärtigen Stadtleben sehr gefragt. Hier findet, weil die Säcke aus Haut gemacht sind, eine gegenseitige Berührung statt; sie werden warm, sobald man die Hand darauflegt. Und indem sie uns am Weiterkommen hindern (»to check« ist das englische Verb dafür), bestätigen sie unser Dasein, eine Tatsache, deren Bedeutung in dem englischen Wort »check« genauso enthalten ist. Die subtile Wechselwirkung von Leder auf Haut, die kurze Umarmung eines der nahen Körper, die Versuchung, sich auf ewig inmitten einer Menge zu verlieren wie Poes anonymer Antiheld, manchmal die Panik und die wohlige Spannung von Anonymität in einer Menge und der unfaire Kampf der täglichen Hetzjagd, durch den die Menschen behandelt werden, als seien sie Waren, die man kauft und verkauft... Solche und andere potentielle Bedeutungen sind in FLATZ' »physical sculpture« enthalten, einer Skulptur, die nicht vollkommen ist, ehe der Zuschauer sie betritt: eine ausgeklügelte Taktik der Situationisten, die den Augenblick des Abstands, den Brecht *Verfremdung* nannte und den FLATZ *Demontage* nennt, isoliert und es den Betrachtern erlaubt, diesen Augenblick in Form eines Spieles wiederzuerleben.

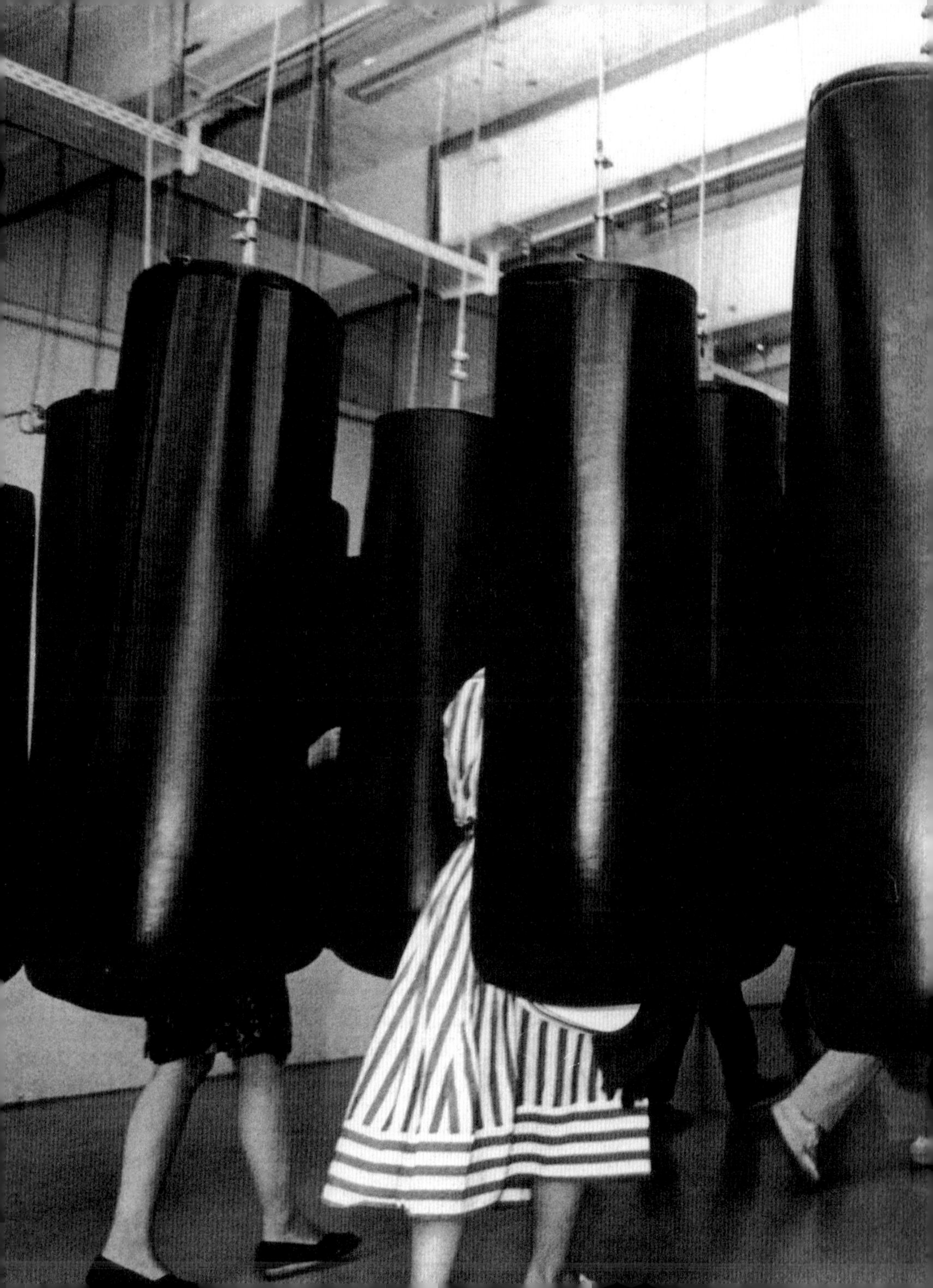

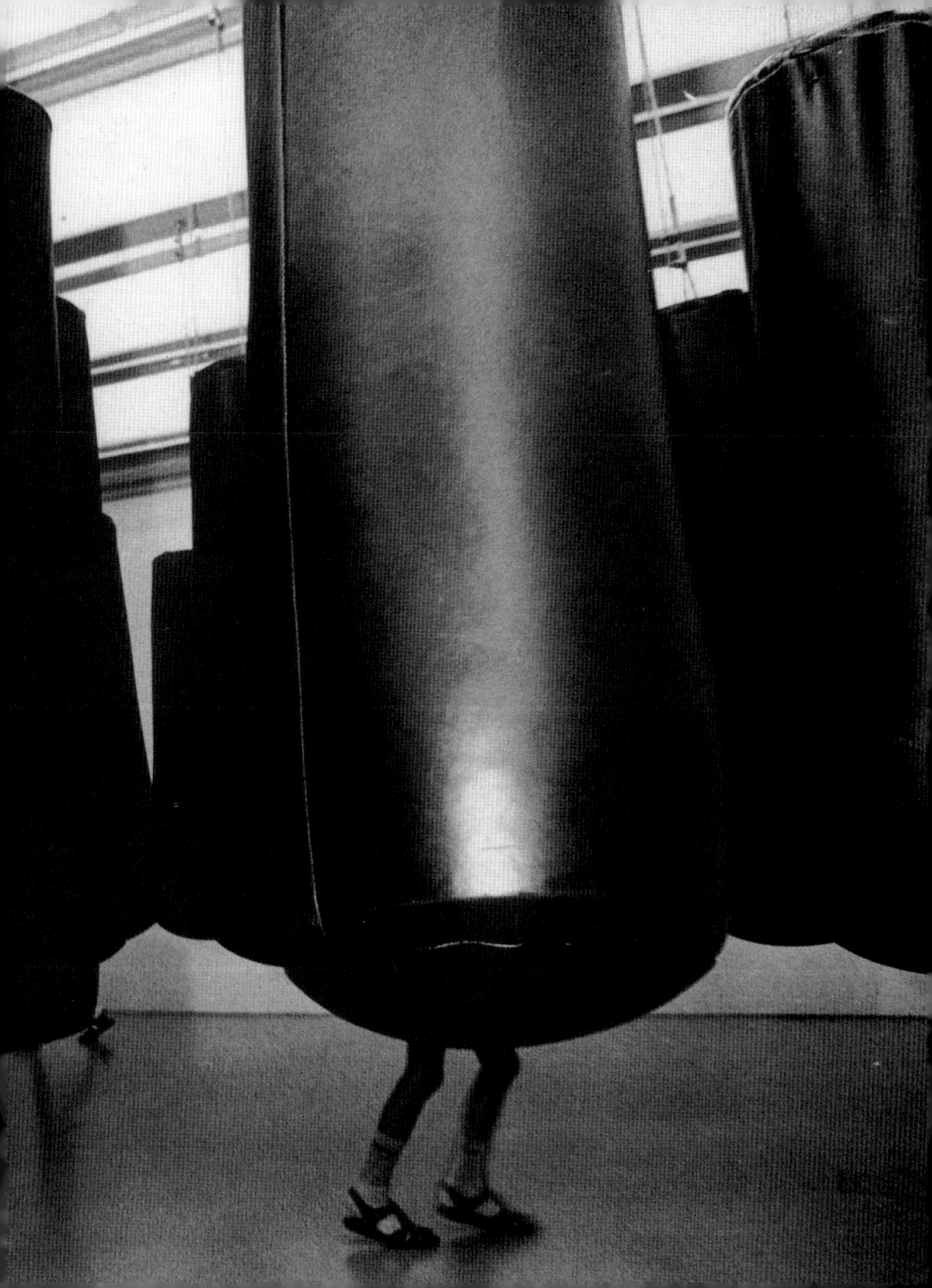

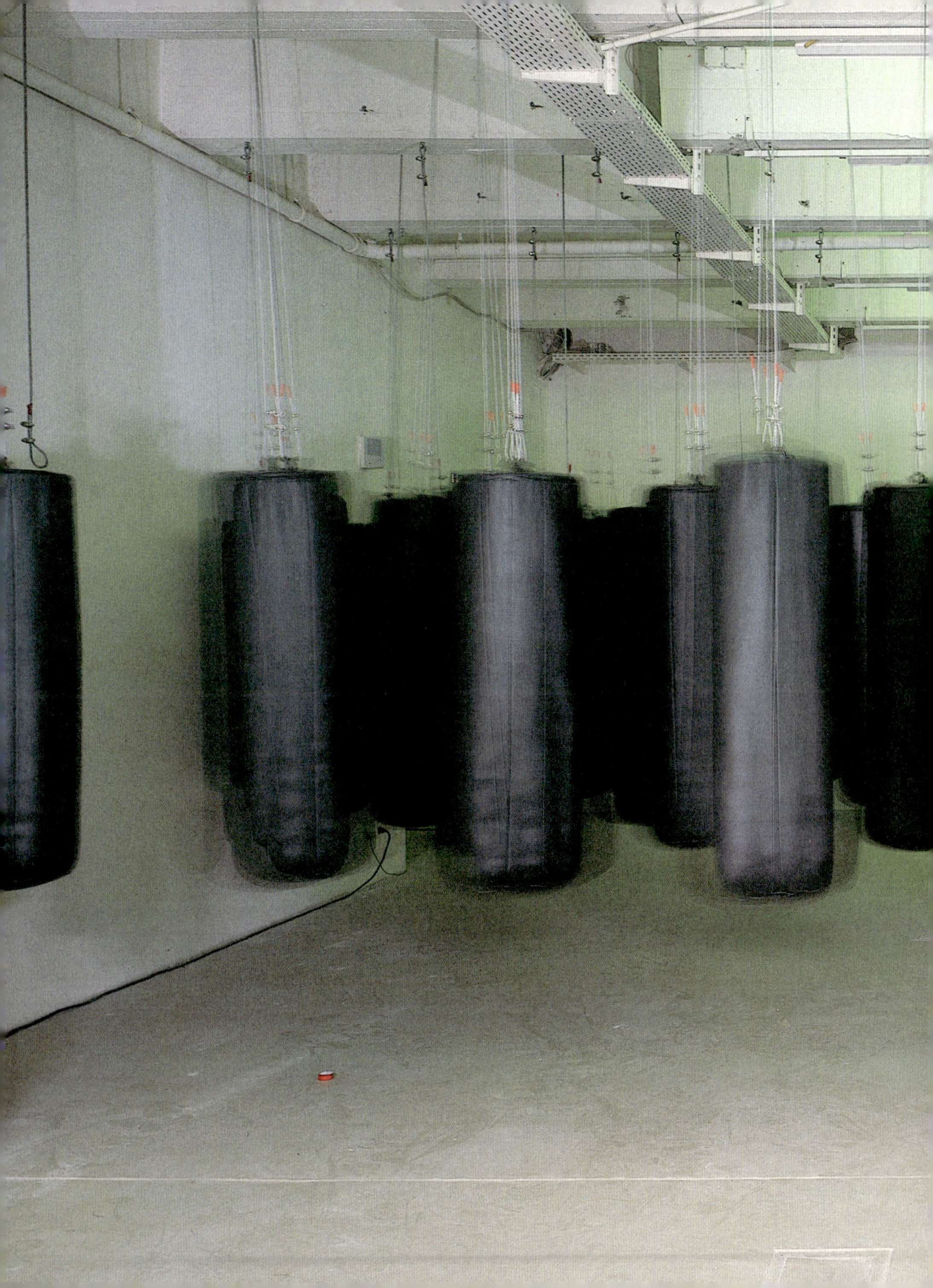

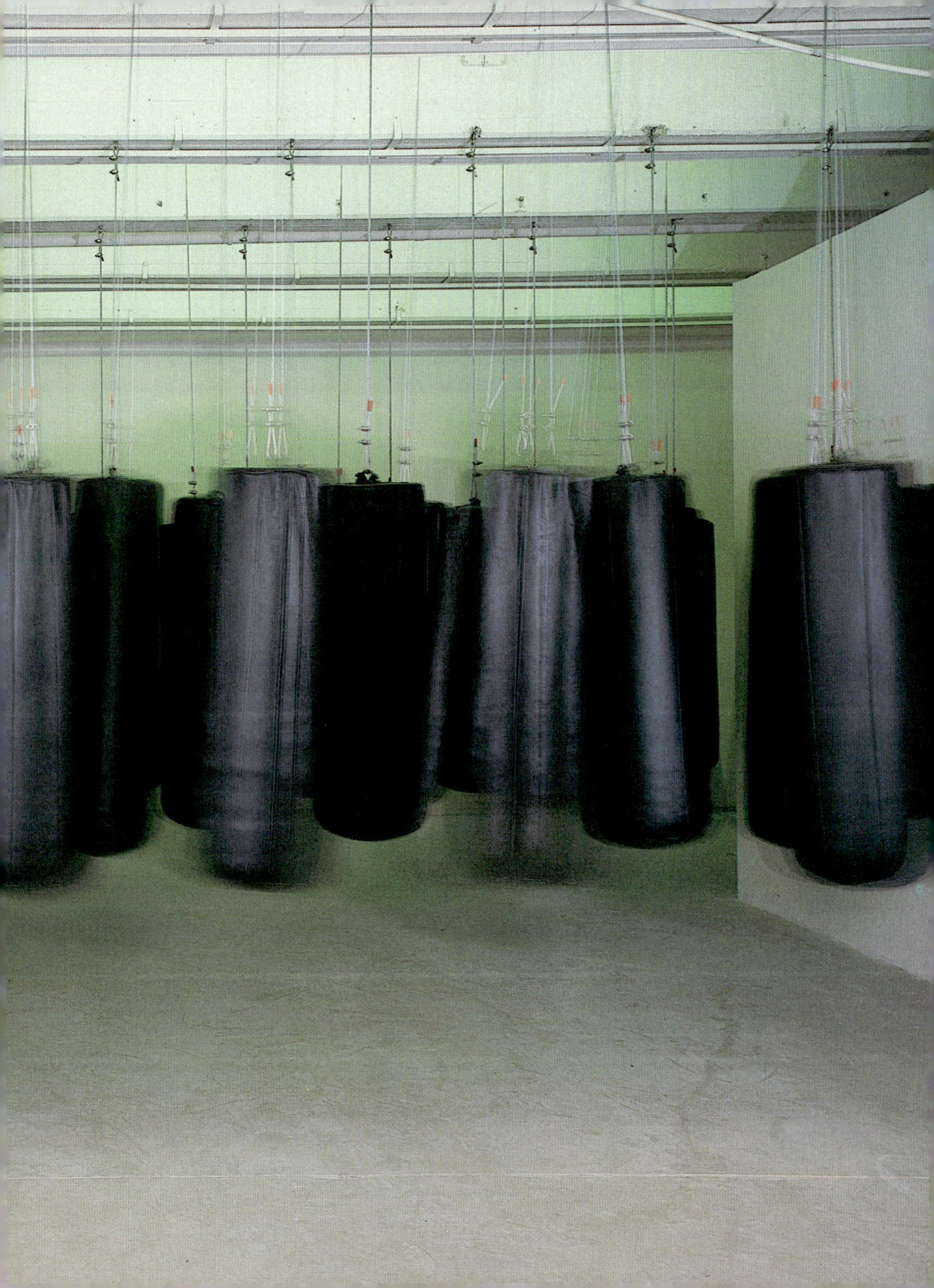

Role of the Artist in Today's Society or From One to One to Another

A conversation between Jan Hoet, Denys Zacharopoulos, Pier Luigi Tazzi, Bart de Baere and FLATZ

FLATZ: Does art have questions that relate only to art?

Hoet: You mean, does art have a language of its own?

FLATZ: Yes. Does it have limits?

Hoet: Concerning the language?

FLATZ: Yes, which role does the artist have in our society, does he really have any role?

Hoet: Even today, there's no decline in limits. It's very difficult to foresee any change with regard to frames.

Tazzi: There will always be borders, but these borders can change. That is what you cannot predict. So although there is not an immanent frame, immanently there is a frame.

Hoet: And a certain frame is always immanent. There is always articulation through material, for example. That's a frame. Even very orthodox Conceptual artists were confronted by the limits of the frame. They couldn't manage

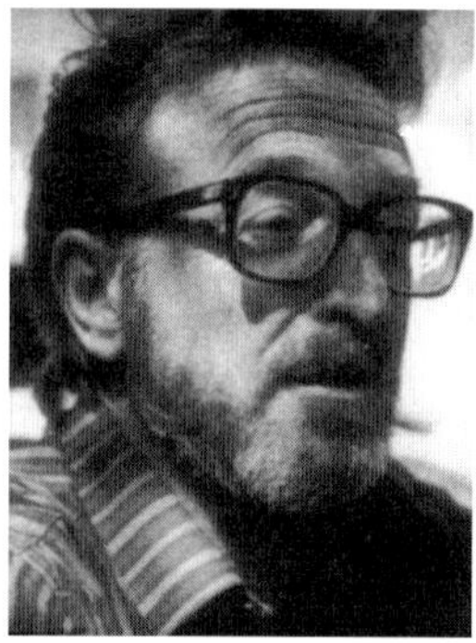

Pier Luigi Tazzi

Ein Gespräch mit Jan Hoet, Denys Zacharopoulos, Pier Luigi Tazzi, Bart de Baere und FLATZ

FLATZ: Stellt die Kunst Fragen, die sich nur auf sie beziehen?

Hoet: Du meinst, ob Kunst eine eigene Sprache besitzt?

FLATZ: Ja. Gibt es systemimmanente Grenzen?

Hoet: Die Sprache betreffend?

FLATZ: Ja. Welche Rolle hat der Künstler in der heutigen Gesellschaft, oder hat er überhaupt eine Rolle innerhalb der Gesellschaft?

Hoet: Was die Grenzen betrifft, glaube ich, ist es sehr schwer, irgendwelche Veränderungen oder Abweichungen vorauszusagen, denn bis heute gibt es keine Abweichung von den Grenzen.

Tazzi: Es gibt keine immanenten Grenzen, aber im Sinne von Immanenz gibt es Grenzen, und diese kön-

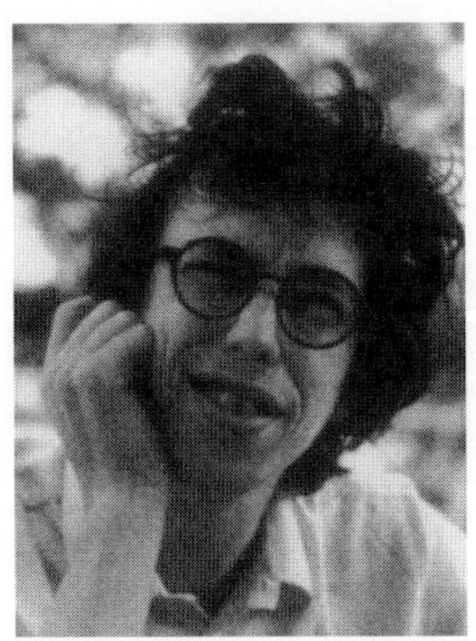

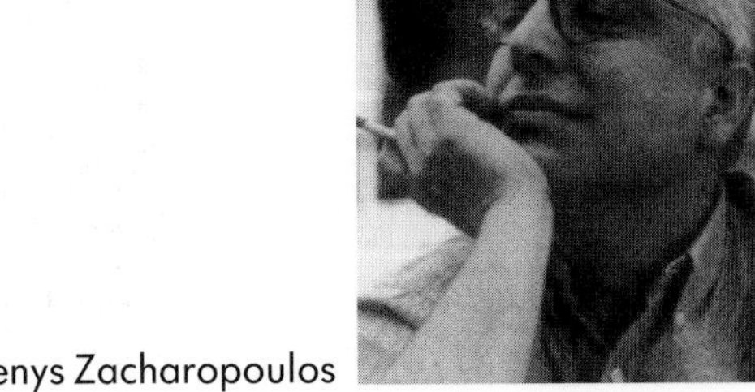

Bart De Baere   Denys Zacharopoulos

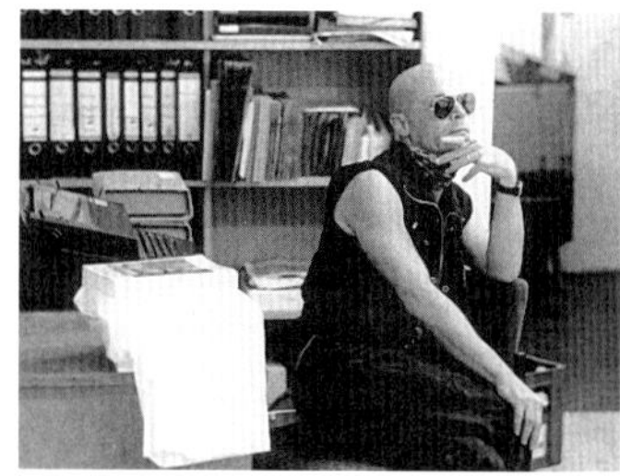

without articulating themselves in material terms. One problem is that art is always confronted with transcendence. Material, triviality and transcendence. Is that a frame or not?

FLATZ: The question is: who makes the frame? The artist, the museum director or the art critics?

Hoet: In that case, we are talking about a different kind of frame. What I'm trying to deal with is art in a fundamental sense: art as an expression divorced from science, from philosophy, from politics – not from political meanings but from politics. All those things have a frame.

FLATZ: But what about system-immanent borders and rules? Until now, they were very strict.

Hoet: When you speak in an art context, first there is an art scene and this art scene involves rules and frames. But frames have nothing to do with the function of art. The function of art lies in the way it is capable of allowing freedom within a system. Society tries to reduce art to artists, categories, rules and consensus (…) The viewer is at the centre of the artwork. Whether or not he can go beyond himself, he is at the centre. He can feel hunted or he can be the hunter.

FLATZ: This doesn't change anything.

Hoet: No, that's what I'm saying. It has nothing to do with the art system. It is the way to confront people with art. That has nothing to do with installing a system in which the viewer has to be the centre. And you cannot make an exhibition or an artwork into a model which can be used as a system.

FLATZ: You can only offer it.

Bart de Baere: In fact, this is more an offer than a system or an articulation.

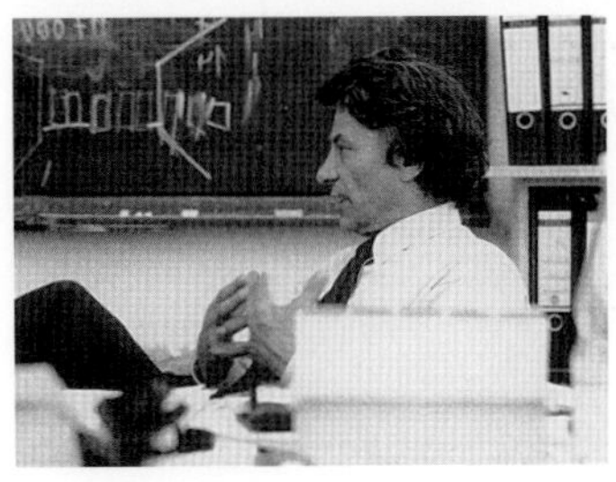

nen sich verändern. Das ist es, was man nicht voraussagen kann. Es wird immer Grenzen geben, aber sie können sich verändern.

Hoet: Aber es gibt bestimmte Grenzen, die sich nie verändern werden. Die Artikulation durch das Material zum Beispiel. Das ist eine Grenze. Du hast immer ein Material, durch das du dich artikulierst, auch wenn du ein sehr orthodoxer Konzeptkünstler bist. Sogar sie waren mit den Limits der Grenzen konfrontiert. Sie konnten sie nicht durchbrechen, indem sie nichts taten und sich nicht durch das Material artikulierten. Das Problem ist, daß Kunst immer mit Transzendenz konfrontiert ist. Material, Trivialität und Transzendenz. Das sind Grenzen, oder nicht?

FLATZ: Aber die Frage ist, wer zieht diese Grenzen? Zieht sie der Künstler, der Museumsdirektor oder der Kunstkritiker?

Hoet: Nein, in diesem Fall sprechen wir von anderen Grenzen. Ich versuche, mich der Kunst in einem fundamentalen Sinn zu nähern. Kunst als Expression, die sich von der Wissenschaft, Philosophie, Politik – nicht von politischen Inhalten, aber von Politik – unterscheidet. All diese Dinge haben Grenzen.

FLATZ: Aber was ist mit den systemimmanenten Grenzen und Regeln? Bis heute waren diese sehr strikt.

Hoet: Wenn du über Kunst sprichst, gibt es zuerst eine Kunstszene, die Gesetze und Grenzen beinhaltet. Aber Grenzen haben nichts mit der Funktion der Kunst zu tun. Die Funktion der Kunst besteht in der Art und Weise, wie sie imstande ist, Freiheit in einem System zu gewährleisten. Die Gesellschaft versucht, Kunst auf den Künstler, auf Kategorien, Gesetze und Konsens zu

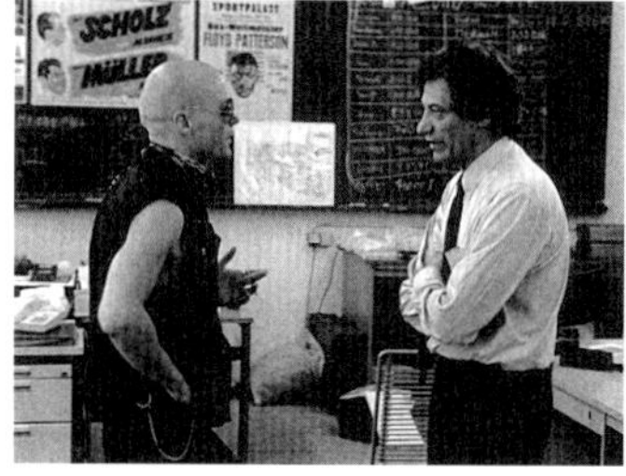

Hoet: It's offered in the hope that people will deal with it. They may divide it into several systems, several categories or models.

Tazzi: I always think there is an analogy between art and language. Language is based on consensus and convention. Consensus and convention about rules, about the frame, about the borders. The first gesture of language is to cut something out of the continuum, out of the flood. And this cut establishes a border. Then you may transcend this border. Because it's made to be transcended and surpassed, as the word "border" implies.

Hoet: Language is rather a logical structure.

Zacharopoulos: What about poetry, in that case?

FLATZ: Poetry is like art.

Zacharopoulos: What I found interesting is what Jan said about the material constitution of the artwork: that art always has to articulate materially. That is also perhaps the answer whether you see antique artworks or art from our century. The material definition through the artwork is the immanent life. That means, when the code changes, there is a certain degree of attention. So you don't read it as a code anymore. Instead, you read it as a certain quantity of experience that has articulated this material reality and that stands for itself.

Hoet: I think an artist is not interested in codes. An artist of today can be interested in abstract art. Only, when it becomes academic, then it's a code. An artist is not interested in the academic.

FLATZ: For me, the question is whether there is a difference between reading a code as a code or using its structure? And who makes that difference? Is it the artists, the art critics, the museums?

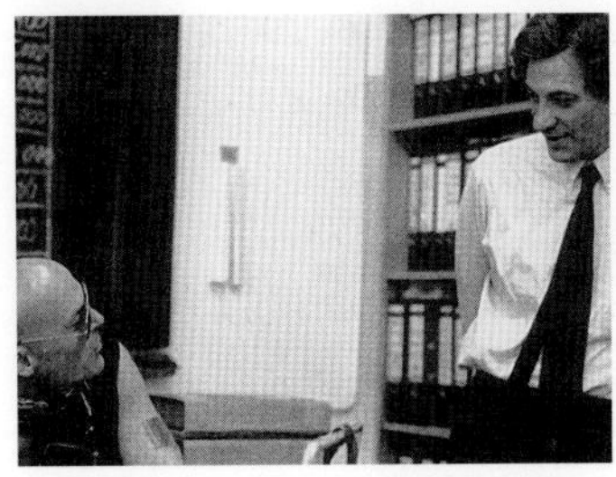

reduzieren (…) Der Betrachter steht im Zentrum des Kunstwerks. Ob er nun über seinen eigenen Schatten springen kann oder nicht, er steht im Zentrum. Und er kann sich als der Gejagte fühlen oder selber der Jäger sein.

FLATZ: Das verändert nichts.

Hoet: Das ist das, was ich sage, es verändert sich nicht. Das hat nichts mit dem System der Kunst zu tun. Es ist die Art, wie du die Leute mit Kunst konfrontierst. Das hat auch nichts mit dem Installieren eines Systems zu tun, in dem der Betrachter das Zentrum sein muß. Man kann eine Ausstellung oder ein Kunstwerk nicht als Modell machen, das als System verwendet wird.

FLATZ: Du kannst es nur anbieten.

Bart de Baere: Tatsächlich ist es eher ein Angebot als ein System oder eine Artikulation.

Hoet: Es ist ein Angebot, und du hoffst, daß die Leute damit umgehen können. Sie können es in mehrere Systeme, mehrere Kategorien oder Modelle unterteilen.

Tazzi: Jedenfalls, denke ich, besteht eine Analogie zwischen Kunst und Sprache. Sprache basiert auf Konsens und Konvention. Einem Konsens und einer Konvention über Regeln, über Grenzen. Ich meine, als erstes schneidet die Sprache etwas aus dem Kontinuum, aus dem Fluß heraus. Und dieser Einschnitt etabliert eine Grenze. Dann kann eine Grenze überschritten werden. Denn eine Grenze ist dazu da, daß sie überschritten und überwunden wird.

Hoet: Sprache besitzt eine logischere Struktur.

Zacharopoulos: Und wie verhält es sich in diesem Fall mit der Poesie?

FLATZ: Die Poesie ist wie die Kunst.

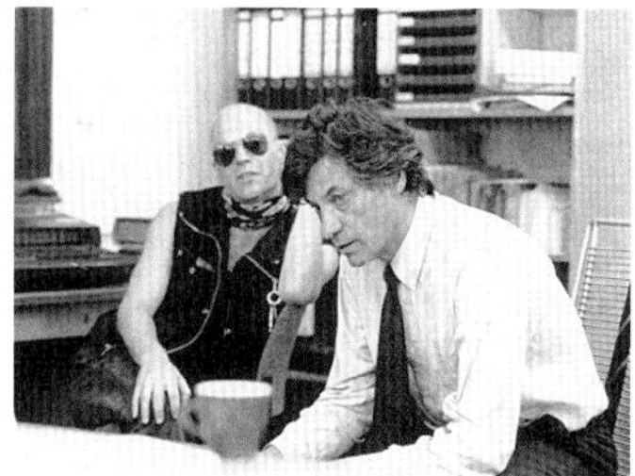

Hoet: The artist. The artist makes the difference. The artist – no-one else always makes that differentiation.

Zacharopoulos: If you say "Give me a glass of water" you know where the glass is, where the water is and why somebody is asking for a glass of water. Somebody is asking for a glass of water. That means you can immediately translate the code because it is a direct codification and everybody knows what it means. But if somebody says "I love you" there is a possibility of calling a sentence like "I love you" a code because you have a code of society, a code of feelings, and so on. If somebody tells you "I love you" the way you understand that is how you understand the code. And somehow art works that way. It sums up your life and individual experience and gives it place for new experiences. Therefore, it creates attention and not the opposite of reading codes. You read a code without attention.

FLATZ: But sometimes it's like that. You know the code and just take it and use it. For example, when you drive a car. Driving a car is interesting when you don't have to think about it. You do it mechanically. But with art, when you use codes mechanically, what happens?

Zacharopoulos: Culture. People who go to the Louvre. A group of sixty people spending one hour in the Louvre going through the rooms, recognising cultural signs, saying "That's a Rembrandt, that's a da Vinci...", putting names on things, recognising objects and working with cultural codification.

Hoet: The worst sort of knowledge is to reduce things to names, titles, and iconographical signs.

Tazzi: Something has changed in the arts in the last two centuries. Until a certain moment, art was not only an

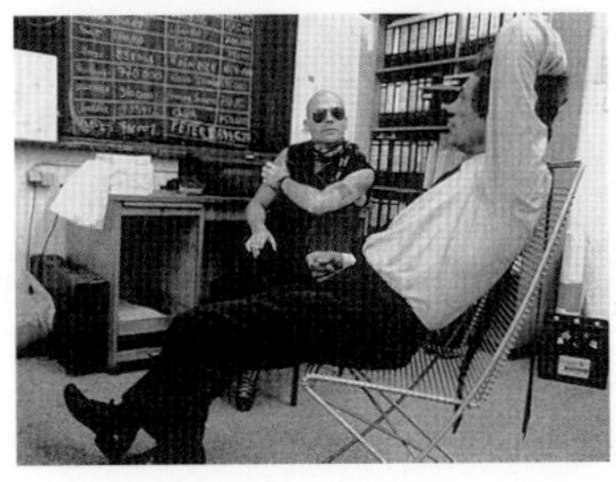

Hoet: Die Poesie ist wie die Kunst oder scheint ähnlich wie die Kunst zu sein.

Zacharopoulos: Ich fand das, was Jan über die materielle Beschaffenheit des Kunstwerks gesagt hat, sehr interessant: Daß sich Kunst immer durch das Material ausdrücken muß. Das ist vielleicht die Antwort, wenn du antike Kunstwerke oder auch Kunst aus diesem Jahrhundert betrachtest. Das System funktioniert nicht mehr auf die gleiche Weise. Die materielle Definition über das Kunstwerk ist das immanente Leben. Das heißt, wenn sich der Code verändert, wird Aufmerksamkeit erzeugt, denn, auch wenn du den Code nicht mehr als solchen liest, liest du das Kunstwerk anhand deiner Erfahrung, die diese materielle Realität artikuliert und das steht für sich selbst.

Hoet: Ich denke, ein Künstler ist nicht an Codes interessiert. Ein Künstler von heute ist zum Beispiel an abstrakter Kunst interessiert. Das ist kein Code. Erst wenn er akademisiert wird, wird er zu einem Code. Erst dann ist es ein Code. Aber ein Künstler interessiert sich nicht für das Akademische. Joseph Beuys ignorierte Mondrian nicht. Er ignorierte nicht Mondrian, sondern er ignorierte Codes. Du (zeigt auf FLATZ) ignorierst ja auch nicht, sagen wir mal, Beckmann. Aber Beckmann hat keinen Code. Voilá. Verstehst du?

FLATZ: Für mich stellt sich nun die Frage, gibt es einen Unterschied, ob du einen Code als Code liest oder ob du seine Struktur benutzt? Und wer trifft diese Unterscheidung? Der Künstler, der Kunstkritiker, die Museen?

Hoet: Der Künstler selbst macht den Unterschied, niemand sonst.

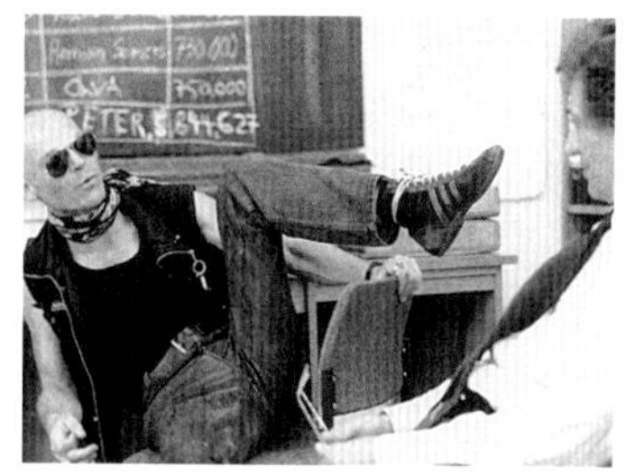

expression of society and a certain kind of culture, but was also devoted to codes. At a certain moment in the last century – for example, with the invention of photography – we get to what Roland Barthes called the *punctum*. I mean an emergency of reality seen through the codes. You may read a photograph according to the iconographic codes, but there is an element that is outside the codes, something that transfixes the codes and hits you. And this something is always personal, individual; it is not based on social convention or on a collective understanding. This is also what art of the last two centuries has tried to do: to get through this sort of *punctum,* to get through the codes, to get through and reach a sort of lost source of energy, lost substance. That is not the transcendence; that is something that stays behind the immanence.

FLATZ: Do you think that art or an artist has any possibility of changing anything in our society? Does art influence society?

Hoet: A lot.

FLATZ: Society is also always in classes. And in the last twenty years, especially, art was an artifical thing where only people in the art world could appreciate the codes. Nowadays, we are questioning that. You as the documenta team are introducing a new point by saying that art must either break or get over this immanent context.

Hoet: I think, when somebody is really seeing through art with regard to his life, he is getting a sense of harmony through art. Sense through harmony, harmony doesn't mean taste.

FLATZ: Taste plays no part in art. But taste plays a large part in public life. Every art critic uses his or her personal taste. If you want to look at it that way, critical writings are

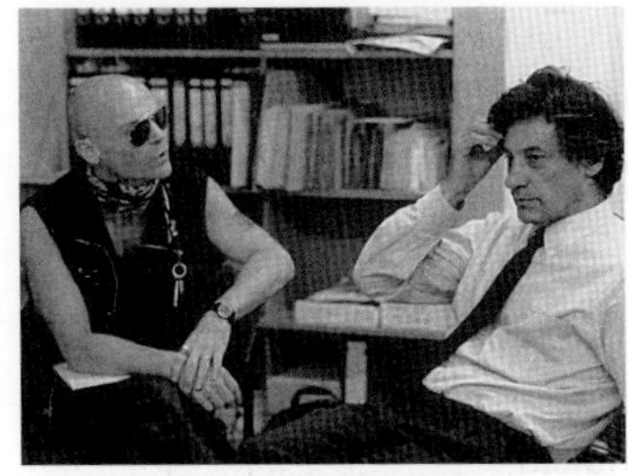

FLATZ: Macht er den Unterschied?

Hoet: Er unterscheidet zwischen den Codes.

Zacharopoulos: Wenn jemand sagt, »Gib' mir ein Glas Wasser«, dann weißt du, wo das Glas und das Wasser ist, und du weißt auch, warum jemand danach fragt. Du kannst den Code sofort umsetzen, denn es handelt sich um eine ganz klare Codifizierung, und jeder weiß, was gemeint ist. Aber wenn jemand zu dir sagt, »Ich liebe dich« – es besteht die Möglichkeit, einen Satz wie »Ich liebe dich« als Code zu bezeichnen, denn du besitzt Codes in bezug auf die Gesellschaft, in bezug auf Gefühle etc. Wie du aber den Satz »Ich liebe dich« letztendlich auffaßt, hängt davon ab, wie du den Code verstehst. Und so ähnlich ist das mit der Kunst. Sie faßt dein Leben und deine Erfahrungen zusammen, und du gewinnst durch sie neue Erkenntnisse. Sie machen dich aufmerksam und lassen dich nicht nur Codes lesen. Codes werden auch unbewußt benutzt.

FLATZ: Aber manchmal ist es doch so, daß du einen Code verinnerlicht hast und auf Abruf gebrauchst. So wie zum Beispiel beim Autofahren. Das Lenken eines Autos wird ab dem Zeitpunkt interessant, wo du nicht mehr nachdenken mußt. Du machst es automatisch. Aber wird bei Kunst, wenn du Codes automatisch benützt, noch etwas transportiert? Das war meine Frage.

Zacharopoulos: Ja, Kultur. Wenn 60 Personen in den Louvre gehen und eine Stunde lang durch die verschiedenen Räume marschieren, dann erkennen sie kulturelle Zeichen.

Hoet: Ach ja?

Zacharopoulos: Ich meine, wenn du nur durchgehst

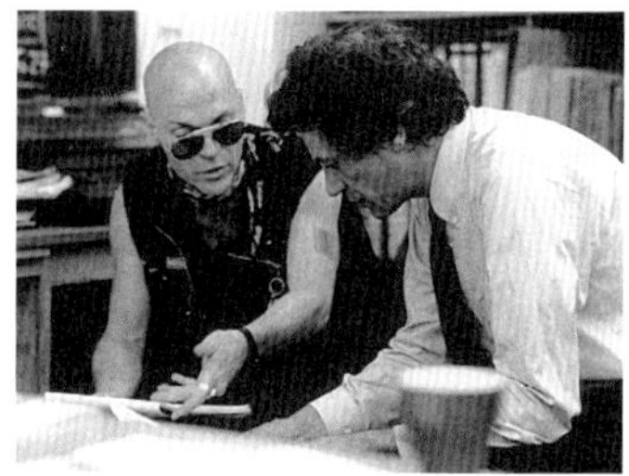

personal taste experiments which operate on the basis of current conventions. As a rule, all historians are narrower than the artists, the makers of exhibitions and the public.

Hoet: Everything you do corresponds with your identity. Then it's a perfect form of harmony. An artist makes proposals for that.

Zacharopoulos: People often speak of the museum as a new church. That's something I very much contest. I don't believe that we are in the same kind of society as when the church was really the centre. And art is not the church because there are monastic orders. You know why? What a monk does is not to try to change the world. He changes himself instead.

FLATZ: Change always starts with the self.

Zacharopoulos: So, what an artist is doing today is changing himself. And how a monk changes himself, you can change yourself. You can pray or you can change yourself, thinking you can teach other people to read and write, through thinking you can help sick people and so on. Nevertheless, whichever direction any monk has to take – helping people or praying and not talking, education, whatever, it is a way not of entering into codes but of abandoning them, changing yourself and then leaving the code open. And it's something very close to an artist's work. Not circumscribed, but somehow on the edge of society. That's exactly how the monastic orders were in the Middle Ages. The same is as relevant or irrelevant as looking at birds or thinking of God. In the 13th or 14th centuries, you'd have been thought of as crazy. But it's not very different from what an artist is doing: suddenly devoting intense attention to something real, something material, whether it is a bird, a glass of beer, whatever.

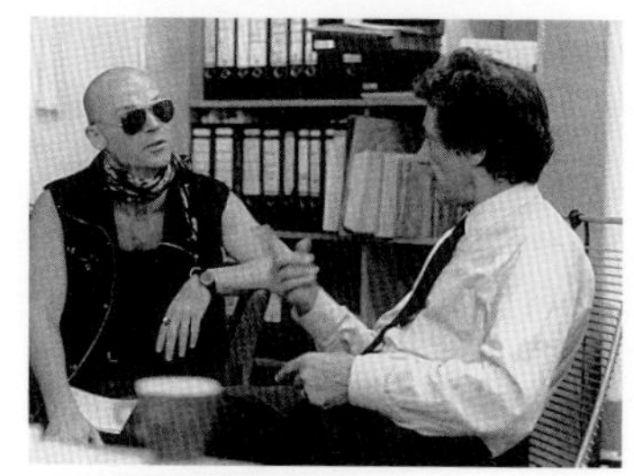

und erkennst, das ist ein Rembrandt, das ein da Vinci, dann benennst du die Bilder nur, du erkennst Objekte und dazu benutzt du einen kulturellen Code. Aber wenn du den Code nicht automatisch benützt, dann entdeckst du die Kunst.

Hoet: Das gilt auch für Flaschen, Häuser etc. Du siehst das Produkt nicht einmal. Namen zu nennen, ist ein kulturelles Kategorisieren. Es gehört zum einfachsten Wissen, etwas auf einen Namen, einen Titel oder auf die Ikonographie zu reduzieren.

Tazzi: Ich glaube, daß sich in den letzten zwei Jahrhunderten in der Kunst etwas verändert hat. Ich meine nicht nur in den letzten 20 Jahren in diesem Jahrhundert, sondern in den letzten 200 Jahren. Denn bis zu einem gewissen Zeitpunkt war Kunst nicht nur Ausdruck einer Gesellschaft und einer bestimmten Kultur, sondern sie war auch mit den Codes sehr eng verknüpft. Ab einem gewissen Zeitpunkt im letzten Jahrhundert – durch die Erinnerung der Photographie zum Beispiel – stieß man auf das, was Roland Barthes als *punctum* bezeichnet. Ich meine damit das Auftauchen der Realität durch die Codes. Du kannst eine Photographie anhand ikonographischer Codes interpretieren, aber da gibt es ein Element…

Hoet: Oder auch durch graphische Codes.

Tazzi: Ja, auch durch graphische oder formale Codes. Aber ab einem gewissen Punkt gibt es etwas, das von den Codes losgelöst ist. Etwas, das die Codes überwindet und dir einen Schlag versetzt. Und dieses Etwas ist immer persönlich und individuell. Es basiert nicht auf gesellschaftlichen Konventionen, auf einem gesellschaftlichen oder gemeinsamen Verstehen. Das ist

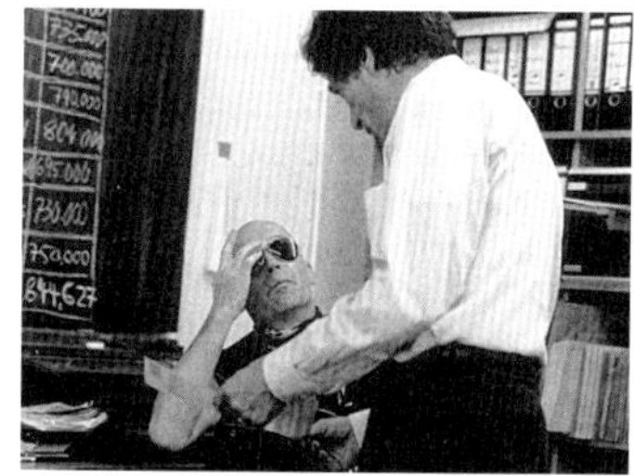

FLATZ: But for me, the difference is that a monk goes into a functional system. Then from that system he works outwards. But what's the system for an artist?

Hoet: The problem is that an artist has less space than a monk in history. A monk has a lot of space, more emptiness. When you look at an abbey, it's a modest thing; there is so much space around. There is an aura. An abbey still has an aura, but art does not. And today, when you look at a city in which an artist is living, he disappears into the information of the city.

FLATZ: Do you think an artist's decision to produce his own space is his own? And do you think an artist decides for himself on a space from which to work outwards?

Hoet: He tries to have space, but never receives it. The monk received it. But space was always taken away from artists.

Tazzi: The monks existed as communities, whereas the artist exists as an individual. That's the big difference between them.

Hoet: While monks were substitutes for society, artists are part of society in an individual way.

Ah! Here come the ministers. We must stop.

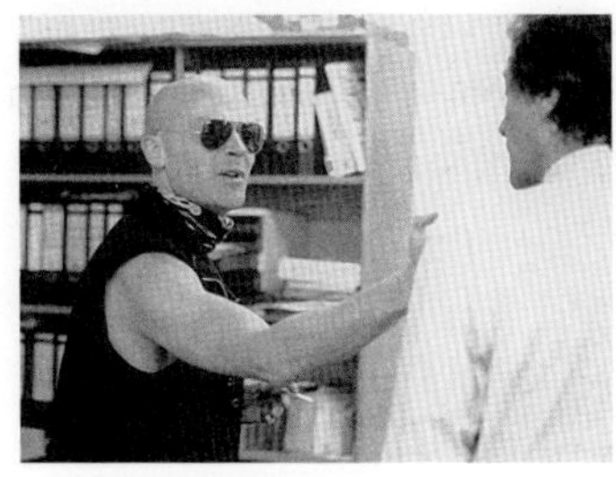

auch das, was die Kunst der letzten zwei Jahrhunderte versuchte zu tun: das punctum zu überwinden; durch die Codes, durch eine Art verlorener Energie, verlorener Substanz zu dringen. Damit ist nicht das Transzendente gemeint; es ist etwas, das hinter der Immanenz steht.

FLATZ: Glaubst du, daß die Kunst oder ein Künstler die Möglichkeit hat, irgend etwas in unserer Gesellschaft zu verändern? Oder ich formuliere diese Frage so: Hat Kunst Einfluß auf die Gesellschaft?

Hoet: Ja, sehr viel.

FLATZ: Die Gesellschaft besteht aus verschiedenen Schichten. Und speziell in den letzten zwanzig Jahren galt Kunst als etwas Artifizielles, bei dem nur Leute aus der Kunstwelt die Codes verstehen konnten. Und nun sind wir in einer Zeit, die dies in Frage stellt. Auch ihr als Ausstellungs-Team der documenta bringt einen neuen Aspekt ein, wenn ihr sagt: die Kunst muß diesen immanenten Kontext überwinden.

Hoet: Ich glaube, wenn jemand sein Leben der Kunst verschreibt, dann bekommt er durch die Kunst ein Gefühl für Harmonie, einen Sinn für Harmonie. Das glaube ich. Und Harmonie heißt nicht Geschmack.

FLATZ: Geschmack spielt in der Kunst keine Rolle. Aber die Geschmacksbewertung spielt eben in der Öffentlichkeit eine große Rolle. Jeder Kunstkritiker bringt seinen persönlichen Geschmack ein. Die Kritiken sind persönliche Geschmacksproben, die auf der Basis einer Konvention funktionieren, welche bis heute angewandt wird. Die Kunsthistoriker sind in der Regel wesentlich mehr ihren Konventionen verhaftet als die

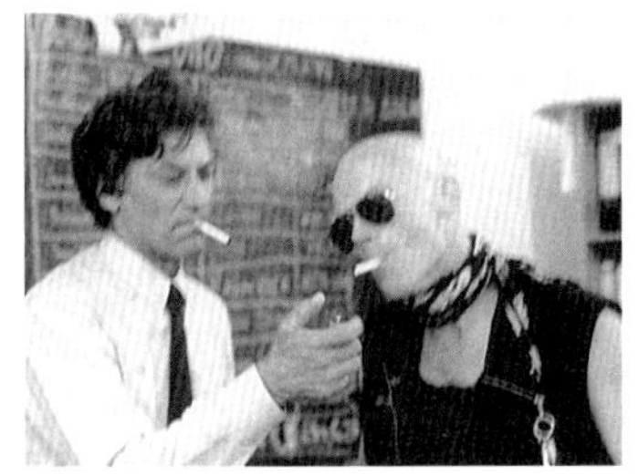

Künstler, die Ausstellungsmacher und das Publikum.

Hoet: Aber Harmonie ist nicht im Sinne einer Form oder Distribution, einer Ausstellung von Form oder Elementen von Form zu verstehen. Harmonie kommt von innen. Alles, was du tust, korrespondiert mit deiner Identität. Das ist eine perfekte Form von Harmonie. Und ein Künstler hat die Vorschläge dazu gemacht.

Zacharopoulos: Sehr oft spricht man über das Museum wie über eine neue Kirche. Das ist etwas, was ich persönlich sehr ablehne. Ich glaube nicht, daß wir in derselben Art von Gesellschaft leben, in der die Kirche wirklich das Zentrum bildete.

Hoet: Da war es nicht die Kunst, die das Gefühl für Harmonie einbrachte, da war alles Harmonie.

Zacharopoulos: Und Kunst ist nicht die Kirche, denn da gibt es klösterliche Regeln. Weißt du warum? Mit dem, was ein Mönch tut, versucht er nicht, die Welt zu ändern, sondern er verändert sich selbst.

FLATZ: Jede Veränderung beginnt immer bei einem selbst.

Zacharopoulos: Also, was ein Künstler heute tut, ist, sich selbst zu ändern. Und genauso wie sich ein Mönch verändert, genauso kannst du dich verändern. Um dich zu verändern, kannst du beten oder anderen Leuten das Lesen und Schreiben beibringen oder kranken Menschen helfen etc. Nichtsdestoweniger, welche Richtung ein Mönch auch einschlägt — Menschen zu helfen, zu beten, nicht zu sprechen, Menschen zu erziehen, das Brauen von Bier etc. — es ist der Weg, nicht in den Codes stecken zu bleiben, sondern diese zu verlassen, sich selbst zu verändern und dann die Codes offen zu lassen. Und das ist etwas, das der Arbeit eines Künst-

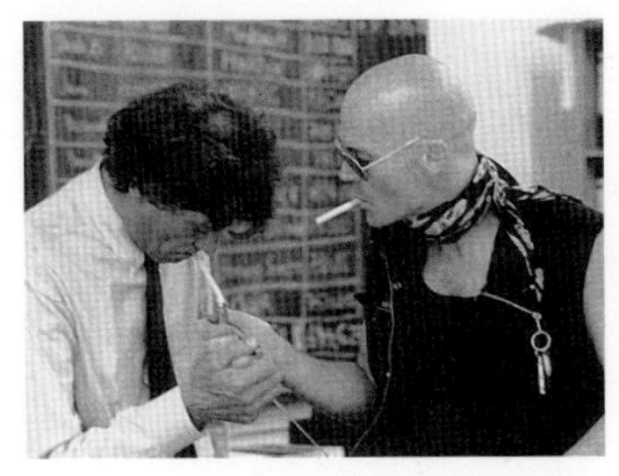

lers sehr nahe kommt. Nicht eingeschränkt, aber irgendwo am Rande der Gesellschaft. Das sind genau die klösterlichen Regeln des Mittelalters. All das ist genauso relevant oder genauso irrelevant, wie wenn du Vögel betrachtest und an Gott denkst. Im 13. und 14. Jahrhundert wärst du für verrückt erklärt worden. Aber es unterscheidet sich nicht sehr von dem, was ein Künstler tut: plötzlich widmest du deine ganze Aufmerksamkeit etwas Realem, etwas Materiellem, ob das nun ein Vogel, ein Glas Bier oder sonst was ist.

FLATZ: Aber der Unterschied besteht für mich darin, daß ein Mönch in ein funktionelles System eingebunden ist, in ein sehr enges System. Und von diesem System aus arbeitet er. Aber auf welchem System arbeitet der Künstler?

Hoet: Das Problem ist, daß ein Künstler weniger Raum hat als ein Mönch in Zusammenhang mit der Geschichte. Ein Mönch besitzt sehr viel Raum, eine große Leere. Wenn du eine Abtei betrachtest, erkennst du, daß sie unaufdringlich ist. Ein großer Raum umgibt sie, eine Aura. Eine Abtei besitzt heute noch ihre Aura und die Kunst nicht. Und wenn du heute eine Großstadt siehst, in der ein Künstler lebt, dann geht er unter in all den Informationen, die diese Stadt gibt.

FLATZ: Glaubst du, die Entscheidung, ob ein Künstler seinen eigenen Raum um sich schafft, liegt bei ihm selbst? Oder denkst du, er entscheidet sich für einen Raum, von dem aus er zu wirken beginnt?

Hoet: Er versucht, Raum zu schaffen, aber er bekommt ihn nicht. Der Mönch hat ihn bekommen. Der Mönch hatte die Möglichkeit, sich Raum zu schaffen. Aber den Künstlern hat man ihren Raum immer weggenommen.

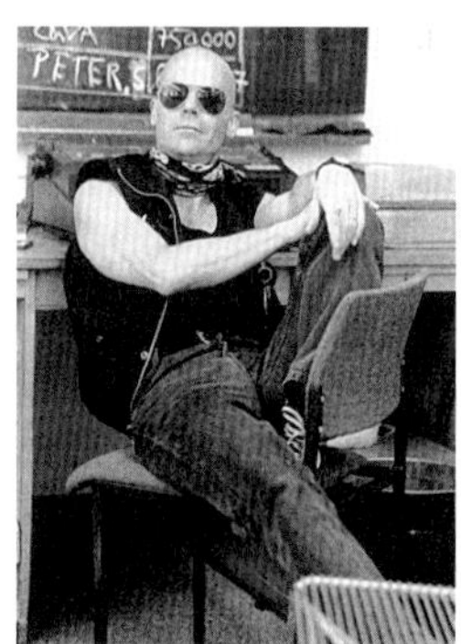

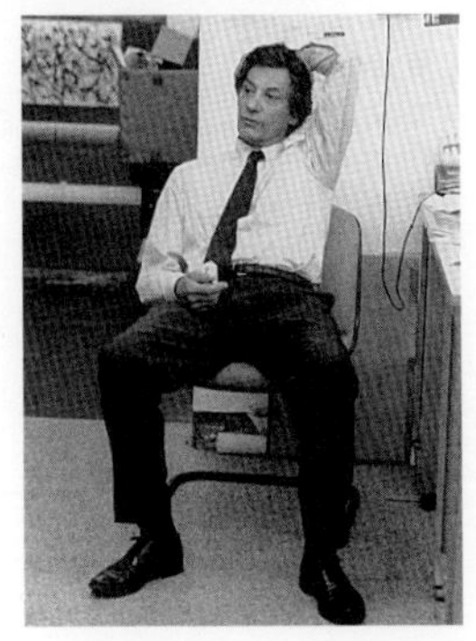

Tazzi: Ja, denn es ist ein umgekehrter Prozeß. Die Mönche existierten als Gemeinschaft. Während die Künstler individuell existieren. Das ist der große Unterschied zwischen ihnen. Sie etablieren sich in einer Periode von totalem Chaos.

Hoet: Die Mönche waren Stellvertreter der Gesellschaft. Der Künstler ist auf eine individuelle Art und Weise Teil der Gesellschaft.

Ah! Die Minister sind gekommen. We must stop.

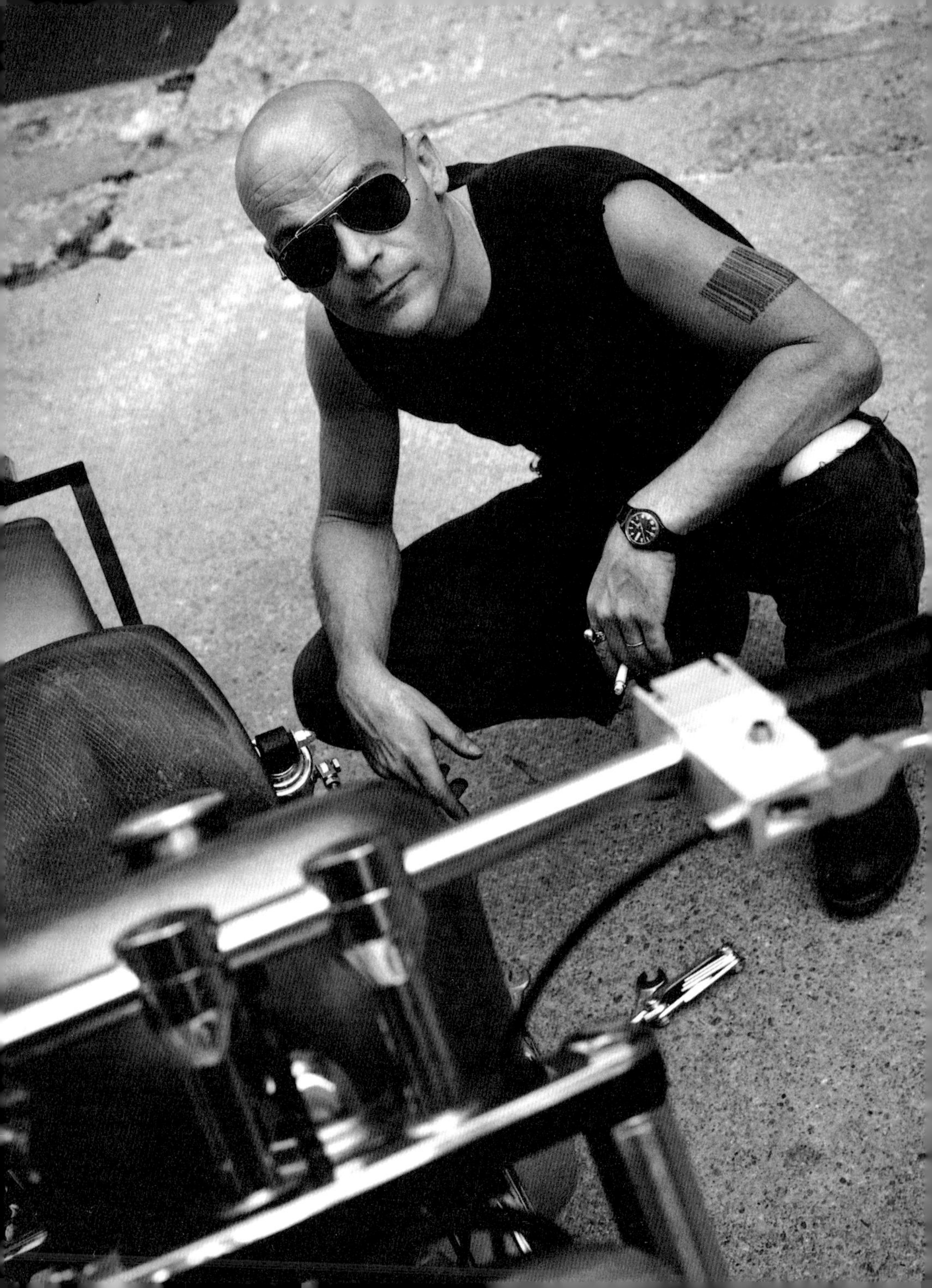

FLATZ geboren 1952 in Dornbirn, Österreich. Lebt und arbeitet in München und Berlin. Seit 1974 Untersuchungen, Projekte und Arbeiten in den Bereichen Malerei, Skulptur, Performance, Video, Film, Photographie, Computer, Theater, Musik, Design, Architektur.

1992

Januar Erhält die TZ-Rose des Jahres für bildende Kunst. Realisation und Bau der Empfangshalle, des Chefzimmers und des Sozialraumes der Architekturbautreuhand Gebrüder Senn, St. Gallen, Schweiz.

Februar Hält Vorträge und Seminare an der Universität Passau, der Akademie der Bildenden Künste, München, vor der Belegschaft der Vorarlberger Kraftwerke und den Mitarbeitern der Bautreuhand Senn. Der Freistaat Bayern und die Universität Passau bestehen auf einen Haftungsvertrag, der sie von »eventuellen Schäden, die durch die Provokation des Künstlers entstehen könnten«, freistellt.

März Vorträge, Seminare, Diskussionen auf der Art Frankfurt, bei Siemens und am Mozarteum Salzburg.

April Der Film »Demontage IX – Unternehmen Stahlglocke« von Romuald Karmakar und FLATZ wird auf den Internationalen Kurzfilmtagen Oberhausen als bester deutscher Kurzfilm ausgezeichnet. Aufführung der »Demontage XIII« für das österreichische Fernsehen. Läßt auf der Panzerwiese in München zu einer klassischen deutschen Arie eine Kiefer in Flammen aufgehen. Vorträge im Kunstverein Rosenheim, der Markthalle Stuttgart und dem Kunstraum Kempten.

Mai Aufsatz *search and destroy* für die 40jährige Jubiläumsausgabe der Computerzeitschrift »Elektronik«.

FLATZ Born in 1952 in Dornbirn, Austria. Lives and works in Munich and Berlin. Since 1974 research, projects and works in the fields of painting, sculpture, performance, video, film, photography, computer, theatre, music, design and architecture.

1992

January Receives the "TZ-Rose of the Year" award for graphic art. Realization and construction of the reception hall, the director's office and the social room for the company "Architekturbautreuhand Gebrüder Senn", St. Gallen, Swizerland.

February Lectures and holds seminars at the University of Passau, the Academy of Graphic Art in Munich, for the workers and staff of the Vorarlberg Power Stations and the staff at "Bautreuhand Senn". The "Free State of Bavaria" and the University of Passau insist on a liability contract which would exempt them from any possible "damage" claims which might result due to the artist's provocation.

March Lectures, seminars and discussions at "Art" in Frankfurt, at Siemens and at the "Mozarteum" in Salzburg.

April The film "Demontage IX – Operation Steel Bell" by Romuald Karmaker and FLATZ is honoured at the International Short Film Symposium in Oberhausen as being the best German short film. Performance of "Demontage XIII" for Austrian television. Burns down a pine tree to a classical German aria on the "Panzerwiese" in Munich. Lectures at the "Kunstverein" in Rosenheim, the "Markthalle" in Stuttgart and the "Kunstraum" in Kempten.

May Composition "search and destroy" for the 40th anniversary edition of the computer magazine "Elektronik". "Hitler" triumphs for the first time at the age of 10 months in a battle of rivalry with another male dog.

»Hitler« beendet im Alter von 10 Monaten zum ersten Mal einen Rivalitätskampf gegen einen anderen Rüden siegreich.

Juni Aufbau von »Bodycheck/Physical Sculpture No. 5« für die DOCUMENTA IX im Fridericianum in Kassel. FLATZ stellt sein documenta-Projekt in den neueröffneten Räumen seines Managers Wolfgang Häusler in München vor. Die Autorenbuchhandlung München plant ein Streitgespräch zwischen dem Schriftsteller Rainald Götz und FLATZ unter dem Titel *Früchte des Zorns*. Rainald Götz kneift. Die Zeitschrift Ambiente arrangiert ein anderes Streitgespräch zwischen Manfred Schnekkenburger und FLATZ, das in der Septemberausgabe publiziert wird (äußerst verstümmelt). »Denkmalfilm« dreht eine Fernsehdokumentation mit FLATZ zum Thema Angst.

Juli In der Nacht zum 1. Juli verunglückt Rainer Krebs, ein Bikerfreund von FLATZ, mit seiner Harley Davidson tödlich. Er und sein Motorrad sollten bei der letzten öffentlichen Demontage auf der DOCUMENTA IX (Demontage XIV) von FLATZ eine wesentliche Rolle spielen. Erwirbt am Tag nach der Beerdigung seine dritte Harley Davidson und beginnt mit dem Bau von »Dark Angel / Physical Sculpture No. 6«. Die Dogge »Hitler« wird am 14. Juli ein Jahr alt. Die Magazine »Der Spiegel«, »Vogue«, »Cosmopolitan« und »Wiener« publizieren in ihren Juni-Ausgaben mehrseitige FLATZ-Portraits. Während der Eröffnungstage der DOCUMENTA IX werden weltweit über 30 verschiedene Fernsehbeiträge von und mit FLATZ ausgestrahlt. Die Kulturverantwortlichen der Stadt München nehmen keinerlei Notiz von FLATZ' documenta-Beteiligung.

June   Setting up "Bodycheck/Physical Sculpture No. 5" for
         DOCUMENTA IX in the Fridericianum in Kassel. FLATZ
         presents his documenta project in the newly opened offices
         of his manager, Wolfgang Häusler, in Munich. The "Auto-
         renbuchhandlung" in Munich plans a dispute between the
         author, Rainald Götz, and FLATZ entitled "The Fruits of
         Anger". Rainald Götz pulls out. The magazine
         "Ambiente" arranges another dispute between Manfred
         Schneckenburger and FLATZ which will be published
         (very garbled) in the September issue. "Denkmalfilm"
         makes a TV documentary with FLATZ on the subject of
         fear.

July   On the night of 1st July, Rainer Krebs, a biker friend of
         FLATZ, has a fatal accident with his Harley Davidson. He
         and his motor bike were to play a significant role at the last
         public "Demontage" by FLATZ at DOCUMENTA IX
         (Demontage XIV). On the day after the funeral, he
         acquires his third Harley Davidson and commences with
         the construction of "Dark Angel/Physical Sculpture No.
         6,,. The dog "Hitler" celebrates his 1st birthday on the 14th
         of the month. The magazines, "Der Spiegel", "Vogue",
         "Cosmopolitan" and "Wiener publish several pages of
         FLATZ portraits in their June editions. During the opening
         days of DOCUMENTA IX over 30 different contributions
         of and with FLATZ are broadcast throughout the world.
         Those responsible for culture in the City of Munich take
         absolutely no notice of FLATZ's documenta participation.

August   Lectures and discussions at the "Gesamthochschule" in
         Kassel and at the "Evangelische Akademie Hofgeismar".
         Talks with the documenta 9 team on the subject "The Role
         of the Artist in Today's Society". The construction of
         "Dark Angel Physical Sculpture No. 6" takes two months

August   Vorträge und Diskussionen an der Gesamthochschule Kassel und der Evangelischen Akademie Hofgeismar. Gespräch mit dem documenta-Team zum Thema *Die Rolle des Künstlers in der heutigen Gesellschaft.* Der Bau von »Dark Angel / Physical Sculpture No. 6« dauert anstatt der geplanten drei Wochen zwei Monate und kostet 25 000 Mark mehr als kalkuliert.

September   Stürzt bei den ersten Testfahrten mit »Dark Angel / Physical Sculpture No. 6«. Mittlere Blessuren an Mensch und Maschine. Am 4. September, seinem 40. Geburtstag, Aufführung der »Demontage XIV« im zweiten Untergeschoß der Tiefgarage Friedrichsplatz, DOCUMENTA IX, Kassel mit den Sopranistinnen Ina Brox und Susan Dumas, den Physical Sculptures »White Angel« und »Dark Angel«, dem Symphonieorchester Kassel (Besetzung: 54 Instrumentalisten) und 54 Harley-Davidson Motorrädern. Das Feuilleton ist über das Stück entrüstet. Special guest als Partner der Miß World '92 im deutschen Boxerspielfilm »Eddies Bluff«, der in Bochum gedreht wird. Entwirft die ungeraden Nummern der »number girls« für die Boxkämpfe, die auf der DOCUMENTA IX ausgetragen werden.

Bücher mit ausführlicher Biographie, Bibliographie, Ausstellungsliste:

FLATZ: – Performances 1974–1982, Demontagen 1987–1991. Kunstverein München, Edition Cantz, Stuttgart 1991

FLATZ – Unternehmen Leningrad. Soviet Cultural Foundation, Leningrad 1990 (deutsch/russisch), vergriffen

FLATZ – Werkkatalog Band 1. Verlag Mosel und Tschechow, München 1989 (deutsch/englisch)

instead of the intended three weeks and costs DM 25,000 more than is calculated.

September Suffers a fall on the first test runs with "Dark Angel / Physical Sculpture No. 6". Moderate scrapes to man and machine. On the 4th September, his 40th birthday, performance of "Demontage XIV" in the second level of the "Friedrichsplatz" unterground garage at DOCUMENTA IX, in Kassel, with sopranists Ina Brox and Susan Dumas, the Physical Sculptures "White Angel" and "Dark Angel", the Kassel symphony orchestra (players: 54 instrumentalists) and 54 Harley Davidson motor bikes. The feuilletonists are incensed about this piece.

Special guest as partner for Miss World '92 in the German boxer film "Eddies Bluff" which will be shot in Bochum. Designs the uneven numbers for "number girls" for the boxing matches which are held at DOCUMENTA IX.

Books with detailed biography, bibliography, list of exhibitions:

FLATZ – Performances 1974–1982, Demontages 1987–1991, "Kunstverein" – Munich, Edition Cantz, Stuttgart 1991

FLATZ – Operation Leningrad, Soviet Cultural Foundation, Leningrad 1990 (German/Russian) out-of-print

FLATZ – "Werkkatalog", Volume 1, publishers Mosel and Tschechow, Munich 1989 (German/English)

Herzliches Dankeschön:
Herwig Strobl
Gallus Senn
Ulrich Kohllöffel
und B.B.

Impressum

Katalogkonzeption: FLATZ
Assistenz: Ruth Scala

Übersetzung:
Linda Altmisdört
Barbara Denkmayr

Produktion:
Dr. Cantz'sche Druckerei
Ostfildern-Ruit bei Stuttgart

»Bodycheck / Physical
Sculpture No. 5«, Courtesy
HÄUSLER GmbH, München

Photos:
Richie Müller, München: S. 5,
12, 13, 16, 17, 18, 25, 28, 31,
32, 36–37
Franz Kotteder, München:
S. 20, 22, 23, 34–35
Dirk Bleicker, Kassel: S. 38–55
Andreas Struck, München: S. 56

Umschlag:
Grundriß der Skulptur
»Bodycheck / Physical
Sculpture No. 5«

© 1992 Edition Cantz,
FLATZ und Autoren

ISBN 3-89 322-489-0

Vorzugsausgabe:
Physical Sculpture Gürtel, 1992
Auflage: 25
Material: Rindskernleder – schwarz,
Eisenschließe roh – handgefertigt
Bearbeitung: Zwei Riemen kaschiert
und gehämmert, Prägung
Herstellung: Handgefertigt bei
B ☆ M München von Herbert Rometsch